AF453878

PISSARRO

CE VOLUME A ÉTÉ ACHEVÉ EN OCTOBRE M. CM. XXIV, LA GRAVURE DES PLANCHES PAR LA SOCIÉTÉ DE GRAVURE ET D'IMPRESSION D'ART, A CACHAN, LE TEXTE PAR F. PAILLART, A ABBEVILLE (SOMME).

" MAITRES DE L'ART MODERNE "

PISSARRO

PAR

A. TABARANT

*40 planches hors-texte
en héliogravure*

F. RIEDER & Cie, ÉDITEURS
7, Place Saint-Sulpice, 7
PARIS
M.CM.XXIV

PISSARRO

ENTRONS sans préambule dans le vif de notre récit :
Camille-Jacob Pissarro naquit d'une mère créole, le
10 juillet 1830, à Saint-Thomas, île danoise des Antilles,
colonisée presque exclusivement par des israélites.
Son père, israélite français, rattaché par son ascendance
au sémitisme portugais, exerçait là-bas un commerce de
quincaillerie, et la destinée de Camille était d'entrer à son
tour dans le négoce, bien qu'il occupât tous ses loisirs d'enfant, non pas à former des chiffres, mais bien à griffonner des
dessins. Aussi convenait-il qu'il acquît une instruction sé-
rieuse, et le chef de famille s'avisa de l'envoyer en France,
où, près de Paris, à Passy, qui n'était alors qu'un gros village,
un M. Savary lui avait été recommandé, lequel tenait un
pensionnat de jeunes gens. Voilà donc Camille, dans la dou-
zième année de son âge, le voilà s'embarquant, franchissant
les vastes mers, gagnant cette France dont bien souvent
lui avait parlé son père, comme d'un pays où le ciel n'a pas
l'éclat de celui des Antilles, mais qui, en revanche, est le plus
beau peut-être et certainement le plus riche qui soit au
monde, un pays où les idées nobles et généreuses poussent
en pleine terre, vigoureusement. Certes, il n'avait pas quitté

Saint-Thomas sans connaître de cruels déchirements d'affection, mais il était heureux, malgré tout, d'échapper à la sévère
surveillance familiale, car déjà se manifestait en lui cette
humeur d'indépendance qui constitua toujours le fond de
son caractère. Or, il allait rester environ six ans chez M. Savary, où huit années auparavant était passé un pensionnaire
qui devait, lui aussi, se faire un grand nom dans les arts :
l'aquafortiste Charles Méryon.

C'était une maison de clientèle bourgeoise, réputée depuis
les premières années de la Restauration. L'*Almanach royal*
mentionne M. Savary dès 1824 — c'est-à-dire dès la première
année que les mentions de cette sorte y figurèrent — parmi
les « maîtres de pension » officiellement reconnus. On la tenait
pour la meilleure de Passy, qui en comptait quatre autres.
Les jeunes gens y apprenaient bien. Pourtant M. Savary,
qui s'y réservait l'enseignement du dessin, passait pour
une manière d'artiste, et il se targuait de sa parenté
avec le paysagiste Auguste Savary qui, élève de M. Boissier,
exposait régulièrement au Salon. Qui sait si cette circonstance
fortuite ne décida pas de l'avenir du petit Camille ? Le papa
Pissarro, en recommandant son fils au maître de pension,
n'avait pas été, justement, sans signaler sa manie singulière
de dessiner, qui pouvait l'amener à négliger ses études.
Il importait de veiller à ce qu'il ne perdît pas ainsi son temps.
Recommandation funeste ! Elle eut pour résultat de créer
aussitôt entre M. Savary et son nouveau pensionnaire une
sympathie surnuméraire qui se développa par la suite. Le
maître fut frappé des réels dons de dessinateur que révélait
l'élève, et s'il les jugula, ce fut pour secrètement les cultiver.
Il avait — fait inouï à cette époque où toutes les leçons d'art
tenaient dans le casque de l'éternel guerrier antique — le
goût du dessin d'après nature, et il ne craignait pas de l'enseigner. Entre ses mains, Camille apprit les rudiments de
la grammaire et de l'arithmétique, mais il apprit aussi à

crayonner en regardant les choses qui s'animaient devant
lui, si bien que lorsqu'en 1847 — il allait avoir dix-sept ans —
son père le rappela, jugeant qu'il devait en savoir assez pour
tenir un emploi dans le commerce, il dessinait passablement
et selon les meilleurs principes d'observation directe. Au surplus, on prétend que M. Savary ne le laissa point repartir
sans le frictionner d'ultimes conseils. « Surtout, dessinez des
cocotiers ! » lui aurait dit ce brave homme. Le malheur,
c'est qu'alors M. Savary avait, sinon rendu l'âme, en tout cas
passé la main, M. Marelle ayant pris sa succession dès 1844,
et M. Poncet s'étant substitué à M. Marelle en 1845. Mais
on peut admettre que M. Savary recommanda plus d'une fois
à Camille de rester fidèle à la nature, de « dessiner des cocotiers » quand il serait rentré à Saint-Thomas, et il faut recon-
naître alors que ce ne furent point là recommandations
vaines. La nature, en effet, demeura toujours l'unique modèle
de celui qui allait devenir l'un des plus grands peintres de
son temps.

Le retour au pays ne fut pas accepté de gaîté de cœur par
le jeune homme qui, à Paris, mettant à profit les sorties domi-
nicales — les Pissarro y avaient de la famille, qui s'occupait
affectueusement du petit — pouvait satisfaire sa passion de
dessin en flânant aux étalages des boutiquiers d'art. Mais
il fallait bien qu'il obéît aux intentions paternelles, et dès
qu'il eut repris pied à Saint-Thomas le domaine de la quincaillerie limita son essor. Cependant il continuait de dessiner,
croquant tout ce qui se présentait à sa vue, s'efforçant de
traduire par des traits plus ou moins prestes le pittoresque
de ce coin des Antilles, l'animation des rues, le tumulte du
port de Charlotte Amalia où les travailleurs noirs emplissaient
ou déchargeaient les navires.

Cinq ans se passèrent ainsi. Pissarro, quoique gagnant bien sa vie, était plus réfractaire que jamais à la condition commerciale qu'il devait subir. Un beau jour, enfin, il abandonne tout et file à Caracas. La rencontre fortuite d'un peintre danois, Fritz Melbye, qui, se trouvant à Saint-Thomas, l'avait aperçu dessinant à main levée des matelots et des nègres, avait déclenché cette décision de révolte. Frappé de la vivacité de ses croquis, Fritz Melbye l'avait persuadé de le suivre, et ils vécurent quelque temps de compagnie à Caracas, dessinant, peignant, se grisant mutuellement de nature et d'art.

C'en était fait de la quincaillerie. M. Pissarro père, si angoissant que lui parût l'avenir de son fils, qui, d'ailleurs, était en âge de se conduire seul, n'insista pas pour le ramener au giron familial, et bien au contraire il consentit à lui faciliter l'accès de la carrière que si délibérément il avait choisie. Mais ce n'était pas à Caracas que Camille pouvait développer son talent naissant. Il lui fallait Paris. Il y revint donc en 1855, année marquée par la belle Exposition universelle qui eut pour cadre le Palais de l'Industrie. Ingres et Delacroix atteignaient à l'apogée de leur gloire, cependant que Courbet provoquait des discussions furieuses, que Corot continuait d'être considéré par les officiels comme un paysagiste un peu gauche, au talent du reste facile. Or, ils étaient, avec beaucoup d'autres, abondamment représentés dans la section des Beaux-Arts, et Pissarro, à peine débarqué, impatient de les connaitre, se dirigea vers la tumultueuse Exposition.

Il ne s'arrêta pas longtemps devant les envois d'Abel de Pujol, d'Horace Vernet, d'Amaury Duval, d'Hippolyte Flandrin, ni devant ceux des deux brillants élèves de Picot, Bouguereau — le premier grand-prix de 1850 — et Cabanel, et les compositions décoratives de Chenavard, destinées au Panthéon, le laissèrent plutôt froid. Mais il admira la magis-

trale truculence de Courbet, qui avait là ses *Casseurs de pierre*
du Salon de 1855, les *Demoiselles de village*, les *Cribleuses de
blé*, la *Fileuse*, la *Rencontre*. Il étudia longuement les Delacroix, au nombre de trente-cinq, entre lesquels le *Christ
au jardin des Oliviers*, la *Médée furieuse*, la *Justice de Trajan*,
prêtée par le musée de Rouen, la *Prise de Constantinople
par les Croisés*, le *Naufrage de Don Juan*. Il prit un intérêt
relatif à regarder les quarante-trois toiles de M. Ingres, son
Vœu de Louis XIII (Salon de 1824), son *Homère déifié* (1842),
sa *Vierge à l'hostie* (1854). Était-il assez renseigné pour chercher les paysages parisiens de Jongkind ? C'est peu pro-
bable. Dénicha-t-il le *Paysan greffant un arbre*, de Jean-
François Millet ? Nous ne l'affirmerions pas. Mais il fut attentif
aux paysages de Daubigny, et soudain se trouva devant ceux
de Corot — six paysages, et, notamment, un délicieux *Effet
de matin*, puis le *Souvenir de Marcoussis*, ce chef-d'œuvre.
Alors, ce fut le coup de foudre. Corot ! La délicate « verdurette »
de ses arbres s'épanouissant dans la fine lumière, ses chemins
ombreux, ses eaux fraîches, ses ciels clairs et profonds !
Le Pissarro de Caracas et de Saint-Thomas, le Pissarro de
M. Savary, eut une révélation soudaine, celle-là même de
l'art vers lequel, confusément, il sentait qu'allaient toutes
ses aspirations. Corot ! De ce jour-là, le Camille Pissarro
définitif surgit, comme un poussin de la coquille qu'il brise.
Il n'avait plus, à présent, qu'à éprouver ses jeunes moyens.
La voie qu'il voulait suivre lui était ouverte. S'inspirer de
Corot, d'abord, et puis, petit à petit, se livrer à son inspira-
tion personnelle. On peut dater de 1855 ce premier programme
que Pissarro, dix années durant, va s'efforcer de réaliser.

Il alla voir le maître paysagiste, à son atelier du 58 de la
rue Paradis-Poissonnière. Il fut reçu avec la plus parfaite
aménité par le bon sexagénaire, dont la souriante philosophie
était si accueillante aux jeunes. Il ne connut pas un moins
aimable accueil à l'atelier d'Anton Melbye, frère de Fritz.

C'était un des meilleurs peintres de l'école danoise. Il avait
eu pour maître Eckersberg, à Dusseldorf, puis était venu,
en 1847, étudier à Paris, où depuis 1848 il exposait au Salon.
L'Exposition universelle montrait de lui un important combat
naval qui lui avait été commandé par le gouvernement danois.
Il peignait surtout la marine et le paysage, mais se livrait
aussi à la peinture d'histoire et de genre. Il possédait, en
somme, toutes les recettes d'un sérieux métier. Il s'avisa de
confier à Pissarro le soin de finir ses ciels, puis, s'intéressant
par la suite au jeune artiste, dont il pressentait les grandes
qualités latentes, il le fit travailler plus sérieusement, lui
enseigna ce qu'il ignorait encore touchant l'art de peindre,
lui évita, pour mieux dire, les recherches tâtonnantes du
début.

Cependant M. Pissarro père, s'il consentait à aider Camille,
à lui assurer une mensualité qui lui permît de vivre, souhai-
tait qu'en retour il étudiât de façon régulière, sans trop
s'écarter des sentiers battus, et il redoutait pour lui les en-
traînements de la bohème. Il eût aimé qu'il fût un docile
élève de l'École des Beaux-Arts, et il voulut que tout au
moins il appartînt à quelqu'une de ces académies privées
dont le renom était sans doute venu jusqu'à lui. L'atelier
du père Picot était alors célèbre, et l'on réputait ceux d'Isi-
dore Dagnan et de l'Allemand Leymann, où toute une jeunesse incompréhensive se pressait, que n'émouvait pas
l'évolution tumultueuse de l'art. Camille s'inscrivit aux uns
et aux autres, y travailla très assidûment, fit son profit des
utiles leçons qu'il y pouvait recevoir — et, par exemple,
de celles que lui offrit l'étude du modèle nu, — mais ne tarda
pas à reconquérir sa pleine liberté, abandonnant résolument
la route officielle, la route impériale, que par déférence filiale
il avait consenti à suivre quelque temps. Désormais, son
meilleur atelier serait la campagne, où il se promènerait avec
sa boîte à couleurs et son chevalet, en piquant au passage le

« motif ». Et cette campagne, ce fut d'abord celle-là même qu'on trouvait encore aux portes de Paris, à Montmartre, puis aussi cette proche banlieue que la culture maraîchère disputait aux champs et aux bosquets.

C'est au cours de ces premières pérégrinations que fut rencontré par lui un peintre qui allait devenir son intime ami, Ludovic Piette, plus âgé que lui de quatre années, et qui était passé par l'atelier de Thomas Couture. Il connut dans les mêmes circonstances le paysagiste Chintreuil et son jeune inséparable Jean-Alfred Desbrosses. L'année 1856 s'écoula dans une fièvre de travail. Dès qu'il avait peint quelque chose qui lui semblait bien, il le montrait à Anton Melbye, qui critiquait, rectifiait, donnait toujours des indications précieuses. Il le plaçait quelquefois sous les yeux de Corot, dont l'appréciation nourrie d'arguments valait toutes les leçons du monde. La leçon proprement dite, d'ailleurs, le grand artiste allait la lui donner bientôt, magistrale, bien que brève et réticente toujours, le bonhomme étant peu bavard, professoral moins encore. Sans doute discernait-il en ce peintre de vingt-six ans les moyens sérieux, véritablement rares, dont il allait donner d'éclatantes manifestations.

1857. C'est cette année-là qu'il lia connaissance, à l'académie Suisse, quai des Orfèvres, où il lui arrivait d'entrer en passant, car il n'y fut jamais inscrit comme élève, avec un tout jeune homme, un adolescent de dix années moins âgé que lui, et qui se montrait passionnément féru de peinture : Claude Monet. 1858. Il vient habiter Montmorency, où il travaille avec acharnement. 1859 : Voici, enfin, son premier début public.

Il envoie un paysage au Salon. Sera-t-il reçu ? Il l'espère bien, mais n'en redoute pas moins la terrible épreuve. Le Salon — il n'avait lieu, alors, que tous les deux ans, et ce n'est qu'à dater de 1863 qu'il devint annuel — était, en ce temps-là, le grand dispensateur de la gloire, l'unique, du reste, aucune autre exposition publique ne lui faisant concurrence. Or, il fut reçu, et sa joie en dut être débordante. Un tableau de lui au Palais de l'Industrie ! Le catalogue porte : « Pissarro (Camille), né à Saint-Thomas (colonies danoises), élève d'Anton Melbye. *Paysage à Montmorency*. » Ainsi, le débutant a voulu payer au peintre danois sa dette de reconnaissance, et c'est un trait à son honneur. Malheureusement le tableau était mal exposé, accroché à une hauteur inaccessible au regard, plus près du cintre que de la cimaise. N'importe ! Il figurait sur un de ces murs qu'illustraient, cette année-là, des chefs-d'œuvre tels que *Dante et Virgile* et la *Macbeth*, de Corot, *Ovide chez les Scythes*, *Herminie et les bergers*, de Delacroix, la *Femme faisant paître sa vache*, de Millet, les *Bords de l'Oise* et les *Champs au printemps*, de Daubigny. Pissarro pouvait dire à ses parents, à ses voisins, aux boutiquiers du quartier : « J'expose au Salon ! »

Il se remit avec une ardeur nouvelle au travail. Ne devait-il pas résoudre enfin le problème de vivre de sa peinture ? Il allait avoir trente ans. Il était humiliant pour lui de demeurer à la charge de sa famille. Mais vendre de la peinture, et surtout des paysages ! Pour comble de malheur, la porte du Salon de 1861 ne s'ouvrit pas devant lui. Il lui fallait donc piétiner deux ans sur place avant de pouvoir tenter à nouveau la chance. Malheureusement, elle ne lui fut pas plus favorable en 1863, aucun des trois paysages qu'il présenta n'ayant trouvé grâce devant le jury. Cette fois, c'était vraiment la catastrophe.

Non, car la partialité du jury — où se rencontraient Heim, Picot, Brascassat, Robert Fleury, Jean-Hippolyte Flandrin, Signol, Meissonier (Ingres et Delacroix en faisaient partie, mais n'assistèrent pas aux séances) — cette partialité plus manifeste que jamais, souleva dans les ateliers des protestations telles, que leur fracas parvint aux oreilles de l'empereur.

Il se renseigna, se rendit au Palais de l'Industrie suggéra qu'une revision des œuvres refusées pouvait être faite, et puis, devant l'opposition qu'il rencontrait, ordonna de tout exposer. D'où ce Salon des Refusés, si fameux dans l'histoire de l'art moderne. Organisé par un Comité que composaient Chintreuil, les deux Desbrosses, Félix Dupuis, Frédérick Juncker, Lapostolet, Levé, Jules Pelletier, il s'ouvrit le 15 mai, c'est-à-dire avec un retard de quinze jours sur l'officiel. Un guichet mitoyen, placé à l'extrémité sud du Palais, permettait de passer de l'une à l'autre des deux expositions. Pissarro y était représenté par trois peintures ainsi désignées : *Paysage, Etude, Village.* On lit au catalogue : « Pissaro — avec un seul *r* — 23, rue Neuve-Bréda ». Il se trouvait là en brillante compagnie, puisque Manet — qui exposait son *Déjeuner sur l'herbe* — Whistler — la *Femme blanche* — Jongkind, Fantin-Latour, Cazin, Jean-Paul Laurens, Chintreuil, Cals, Legros, Harpignies, Vollon, avaient, eux aussi, subi le refus arbitraire du jury.

Les trois toiles de Camille Pissarro furent remarquées, louées même. « Ne trouvant pas son nom dans le précédent livret, écrivit Castagnary, je suppose que c'est un jeune homme. La façon de Corot paraît lui plaire. Bon maître, monsieur, mais qu'il faut surtout se garder d'imiter. » Et le critique, d'autre part, invectivait contre le jury refuseur, contre le détestable Signol surtout, qui en était l'âme. « Exposer le *Supplice d'une vestale, Rhadamante et Zénobie,* et rejeter ou contribuer à faire rejeter du Salon comme indignes, des paysages tels que ceux de MM. Harpignies, Lavieille, Chintreuil, Jongkind, Lansyer, Saint-Marcel, Pissarro, c'est appeler bien maladroitement les récriminations de la peinture et les représailles de la critique » (¹).

Mais ce Salon des Refusés eut un autre excellent résultat

(¹) Castagnary, *Salons.*

pour lui : Il le mit en contact avec une peinture différente de
celle qu'il avait pratiquée jusqu'alors, et surtout avec un
nouveau milieu de peintres. Il connaissait déjà les œuvres
d'Édouard Manet, ce nouveau venu dont on commençait
à parler dans les ateliers, comme d'un élève révolté de Thomas Couture. Il avait visité, au commencement de l'année,
son exposition particulière chez Martinet, boulevard des
Italiens. Aussi prit-il grand intérêt au *Déjeuner sur l'herbe,*
qui fut le scandale des Refusés, et il en défendit avec véhé-
mence la technique neuve et hardie, contre les philistins
qui, devant cette toile, pouffaient ou jetaient les hauts cris.

Le jury de 1864 ne tint point rigueur aux subversifs exposants de 1863. Il reçut les deux paysages que lui soumit
Pissarro, *Bords de la Marne* et *Route de Cachalas à la Roche-
Guyon.* Le catalogue indique cette adresse : 57, rue de Vanves,
et mentionne « élève d'Anton Melbye et de Corot ». De
Corot, oui, et les longs conseils du maître justifiaient bien
cette qualification d'élève, que Camille, au surplus, ne
prenait pas sans y être autorisé.

Il était marié depuis deux ans, et Mme Pissarro lui avait,
le 23 février 1863, donné un premier fils, Lucien. Il alla vivre
et peindre quelque temps à La Varenne-Saint-Hilaire, en
gardant à Paris un correspondant, M. Guillemet, 20, Grande-
Rue, à Batignolles, chez qui l'on pouvait voir ses tableaux.
Au Salon de 1865, il figura — sous la même mention d' « élève
d'Anton Melbye et de Corot » — avec un *Chennevières au
bord de la Marne,* et un *Bord de l'eau.* Les influences du début
s'y révélaient toujours, mais le métier en était déjà plus
large, plus libre aussi.

Il fut, ce Salon de 1865, le Salon de l'*Olympia,* de Manet.
Autour de ce tableau, la bataille des écoles se déchaîna,
et sa violence atteignit le paroxysme. On échangea de furieuses invectives, et voire des coups, pour ou contre cette
œuvre d'un peintre qui semblait, à chacun des Salons, défier

l'opinion sensée, et ce bon goût bourgeois dont le prototype
était fourni par les maîtres de la peinture officielle. Camille
Pissarro se rangea de nouveau dans les rangs des défenseurs
de Manet, et cette fois s'établirent entre eux des relations
d'amitié qui devaient se développer par la suite. C'est vers
ce temps-là, en effet — hiver 1865-1866 — que les amis de
Manet, peintres et littérateurs, convinrent de se retrouver
chaque soir dans un café situé au 9 de l'avenue de Clichy,
le Guerbois — aujourd'hui brasserie Muller — et Pissarro
fut admis dans cette société, du reste assez ouverte, qui
bientôt fut l'objet des brocards de la petite presse boulevar-
dière. Entourant Manet, le critique et sculpteur Zacharie
Astruc, le romancier Vignaux, un peu plus tard Émile Zola
et Duranty, Hippolyte Babou, Armand Silvestre, Léon
Cladel, Philippe Burty, Guillemet, Frédéric Bazille, les graveurs Bellot et Bracquemond, en étaient les habitués presque
quotidiens, le vendredi soir étant jour de grande réunion.
Fantin-Latour, Renoir, Degas y paraissaient quelquefois ;
Cézanne et Monet, plus rarement. On y apercevait de loin
en loin Constantin Guys. Nadar y passait en coup de vent.
Marcellin Desboutin n'y fit son apparition qu'en 1872 (¹).
Courbet n'y vint jamais. Vivant le plus souvent hors de
Paris, Pissarro n'y pouvait fréquenter de façon bien régulière, mais son plaisir était grand, toujours, de prendre part
aux discussions de ce turbulent Procope de la rive droite,
qui, inlassablement, avaient pour thème la peinture et les
peintres, le Salon, l'École des Beaux-Arts, la critique et le
public.

L'unique paysage que Pissarro envoya au Salon de 1866
y fut admis : *Bords de la Marne en hiver.* Au catalogue :
« Élève de A. Melbye. A Pontoise, rue du Fond-de-l'Ermi-

(¹) Les réunions du Guerbois ne furent abandonnées que vers 1875, contraire-
ment au dire de Théodore Duret, dans son *Histoire de Manet.*

tage ». Il n'exposa pas en 1867. En 1868 — il est catalogué avec cette adresse : 108, boulevard Rochechouart — ses deux envois, la *Côte de Jallais* et l'*Hermitage* sont l'objet d'une nouvelle citation de Castagnary, qui proteste qu'on ait placé l'exposant trop haut, « mais pas assez haut cependant pour empêcher les amateurs de suivre les solides qualités qui le distinguent ». En 1869, — au catalogue : « chez M. Carpentier, boulevard Montmartre, 9 » — l'*Ermitage*, paysage, passa inaperçu ([1]).

Observons qu'à partir de 1866 la peinture de Camille Pissarro révèle une évolution profonde. L'influence de Corot y restera visible pendant quelque temps encore, mais de toile en toile elle ira s'amoindrissant. La matière de l'artiste se fait plus grasse. Les tons neutres diminuent en nombre sur la palette, faisant place, petit à petit, à toute une gamme de tons purs, aux jaunes, aux vermillons, au vert émeraude, aux laques. L'air circule mieux dans ses paysages. Il est également à noter que depuis 1865 la mention : « élève de Corot » ne se lit plus en regard de son nom sur les livrets du Salon, ni, depuis 1866, celle d' « élève de Melbye ». Pissarro s'émancipe, acquiert ce précieux surplus du talent : la personnalité. Entre ses paysages de Montmorency, de La Roche-Guyon, de La Varenne, et ceux qu'il peignit à Louveciennes, avant ou peu après la guerre, la différence est si évidente, qu'elle apparaît à l'œil le moins exercé. Non seulement la technique en est tout autre, mais l'esprit même des motifs atteste un sentiment plus aigu de la vie. On y démêle des préoccupations nouvelles, étrangères à la génération de Corot, celles-là précisément qui se manifesteront avec éclat dans quelques années, préoccupations d'un pittoresque plus sensible, d'un développement plus coloré, aéré, lumineux.

([1]) Pissarro écrit tantôt « Ermitage », tantôt « Hermitage ». Cette dernière orthographe est l'officielle.

C'est moins une neuve manière de peindre qu'une mentalité neuve qui s'affirme alors, dans les œuvres de Pissarro comme dans celles de Sisley, de Renoir, de Claude Monet.

Il vint habiter Louveciennes en 1868, non loin de l'aqueduc de Marly. Il avait entamé des relations avec un marchand dont le nom se retrouve dans toute la petite histoire artistique contemporaine, P. F. Martin — le père Martin, disait-on — qui, achetant aux jeunes, entretenait avec eux des rapports souvent heurtés de querelles. C'était, non pas un ancien maçon, comme on l'a écrit, mais un ancien chanteur, tout au moins choriste, que les hasards de la vie avaient amené à la brocante de la peinture, guidé en cela par un flair commercial remarquable. Corot, et plus tard Jongkind, avaient pu apprécier ses bons offices. Il passait pour n'avoir pas son pareil « sur la place de Paris ».

Il est vrai que ses conditions n'étaient jamais bien brillantes, et si Camille Pissarro les accepta, c'est parce qu'il n'avait pas à discuter avec la nécessité de vivre : De vingt à quarante francs, selon les dimensions de la toile. Hélas ! Il allait devoir, un jour prochain, se résigner à des prix moins rémunérateurs encore !

Le père Martin lui acheta son Salon de 1870 : deux paysages des environs de Louveciennes. Le catalogue du Salon porte d'ailleurs cette double adresse : « A Louveciennes (Seine-et-Oise) et à Paris, chez M. Martin, 52, rue Laffitte ». Par ce truchement, Pissarro pénétrait dans une sphère d'amateurs avisés, spéculant sur l'épuisement de l'école de 1830 et recherchant de préférence les talents nouveaux. Le nom de Pissarro leur était encore complètement inconnu.

◨

La guerre de 1870 éclata, coup de tonnerre dans un ciel serein. On était si loin de s'attendre à pareil événement !

Elle dispersa le cercle des amis de Pissarro, celui des bonnes soirées du Guerbois. Manet, qui en était l'animateur, devint officier d'état-major de la garde nationale, dont Meissonier était le colonel. Frédéric Bazille partit aux avant-postes, et l'on sait qu'il fut tué au combat de Beaune-la-Rolande, le 28 novembre. Cézanne, qui vivait à Paris depuis 1861, regagna Aix, et Monet décida de visiter la Hollande. Pissarro, lui, pensait bien rester à Louveciennes, en attendant des jours meilleurs, mais il avait compté sans l'ennemi, qui, partout vainqueur, se disposait à envahir la région parisienne. En toute hâte il dut fuir, sans qu'il lui fût même possible d'emporter les toiles qui se trouvaient entassées dans son atelier, quinze cents toiles environ, presque tout ce qu'il avait peint depuis 1855. Il lui fallut, en outre, abandonner un certain nombre de toiles de Claude Monet, que celui-ci l'avait prié de garder jusqu'à la fin de la guerre. L'effroyable débâcle ! Les Prussiens arrivèrent, établirent une boucherie dans la modeste maison du peintre, y trouvèrent les toiles, s'en amusèrent peut-être, humilièrent les plus grandes au rôle de tabliers, qu'ils jetaient tout maculés de sang sur la route.

Chassé de Louveciennes par l'invasion, d'abord il alla passer quelques semaines chez son ami le peintre Ludovic Piette, à Montfoucault, dans la Mayenne, puis résolut de chercher un refuge en Angleterre, où il avait une sœur, mariée. Il y retrouva Claude Monet, qui, ayant parcouru la Hollande et ne se souciant pas de rentrer à Paris en pleine guerre, avait pris le parti de séjourner à Londres jusqu'à la fin des hostilités. Ils travaillèrent de compagnie, et Pissarro, pour sa part, brossa des paysages de la banlieue londonienne, à Norwood, à Sydenham. Ils tentèrent même d'en exposer à l'Académie royale, mais un jury plus aveuglé encore que celui de Paris refusa leurs envois, jugés inconvenants. De compagnie toujours ils firent de longues visites à la National

Gallery, où les surprit, les émut, l'art de Turner, l'art qui anime des chefs-d'œuvre comme l'*Entrée du port de Calais*, la *Traversée des Alpes*, la *Baie de Baia*, le *Soleil dans le brouillard*, éveillant en eux le sentiment d'une autre technique, plus riche que la leur en moyens d'expression, plus près surtout de la sensibilité moderne. Les féeries lumineuses de Turner étaient une révélation pour Pissarro et pour Monet, comme celles de Claude le Lorrain et du Poussin en avaient été une pour Turner.

« Ils sont tout d'abord frappés de ses effets de neige et de glace, dit Paul Signac (¹)... Ils constatent que ce merveilleux résultat est obtenu, non par du blanc uni, mais par une quantité de touches de couleurs diverses, mises les unes à côté des autres et reconstituant à distance l'effet voulu ».

Ils rencontrèrent Daubigny, qui, lui aussi, séjournait à Londres. L'illustre paysagiste leur rendit un signalé service, dont ils ne tardèrent pas à mesurer l'importance. Il les présenta tous deux à un marchand de tableaux qui s'était installé en 1868 rue Laffitte — un marchand qu'une pythonisse eût bien étonné si elle lui avait prédit sa destinée tourmentée, difficile, tragique, puis enviable, éclatante, intimement liée à celle, militante et glorieuse, de la peinture de toute une époque : Durand-Ruel. Ils avaient tout à point besoin d'argent l'un et l'autre. Durand-Ruel leur acheta quelques toiles — oh ! pas bien cher ! — et fit la promesse de s'occuper d'eux.

Le séjour de Londres pesa bientôt à Pissarro. Mais pouvait-il envisager son retour en France ? L'insurrection de la Commune bloquait Paris, et le mieux était d'attendre que tout fût rentré dans l'ordre. Il se désolait de ce contretemps, et l'on en trouve le témoignage dans une lettre qu'il écrivait au critique Théodore Duret, autre habitué du Guer-

____

(¹) *De Delacroix au néo-impressionnisme*, p. 50.

bois, afin de le remercier de lui avoir fait parvenir un mot
de recommandation pour un ami londonien, M. Berthel.
Elle était restée jusqu'à présent inédite :

« ... Je ne suis ici que pour bien peu de temps. Je compte
retourner en France aussitôt que possible. Oui, mon cher
Duret, je ne resterai pas ici, et ce n'est qu'à l'étranger que
l'on sent combien la France est belle, grande, hospitalière.
Quelle différence, ici ! On ne recueille que le mépris, l'indifférence, et même la grossièreté ; parmi les confrères la ja-
lousie et la défiance la plus égoïste. Ici, il n'y a point d'art,
tout est affaire de commerce.

« En fait d'affaires, de vente, je n'ai rien fait, excepté
Durand-Ruel qui m'a acheté deux petits tableaux. Ma
peinture ne mord pas, mais pas du tout, cela me poursuit un
peu partout.

« Je vous prie de serrer les mains au père Martin de ma
part, ainsi qu'à sa dame. Qu'il me tarde que tout soit arrangé
et que Paris recouvre sa suprématie ! »

◙

Paris la recouvra, et Pissarro rentra en France, regagna
bien vite sa maison, que les Allemands avaient laissée vide,
reprit contact avec ses amis de Paris. Mais il voulait élargir
l'horizon de ses motifs, et les environs de Louveciennes, la
forêt de Marly, où depuis trois ans il plantait son chevalet,
ne suffisaient plus à le rassasier de campagne. Ce n'était
encore que la petite banlieue bourgeoise, avec ses jardins
de villas trop peignés, ses chemins peuplés de citadins.
La région de Pontoise, où il avait peint en 1868-69, l'attirait
par la variété de son caractère, ses pittoresques vallonnements,
sa rivière et ses ruisseaux. Il alla donc s'installer à Pontoise,
26, rue de l'Hermitage, et c'est de là que durant dix ans —
jusqu'en 1882 — il datera presque toute sa féconde produc-

tion. 1872 est pour lui une année de très bon travail. Il étudie
de près la vie paysanne, observe les gestes de l'homme des
champs. Dès qu'il a peint quelques toiles, il les emporte
à Paris, les présente au père Martin, à Durand-Ruel, aux
quelques amateurs qu'il s'est fait directement, à commencer
par Théodore Duret, qui revient enthousiasmé d'un voyage
au Japon. Durand-Ruel achète avec une décision croissante
cette peinture si décriée, qu'il s'efforce d'imposer à la clientèle de Corot, de Daubigny, de Millet, déconcertée un peu,
offusquée beaucoup, par une si étrange vision du paysage,
la franchise d'accent d'un coloris d'où sont absentes les
valeurs intermédiaires.

Ajoutons qu'il est entré en relations avec un petit marchand de couleurs tenant boutique rue Clauzel : Tanguy. Le
père Tanguy, comme on disait aussi, avait exercé longtemps le
métier de broyeur chez Édouard, au 6 de la même rue. En 1867,
Édouard cédait son fonds à Mulard aîné, et Tanguy ne s'en-
tendit pas très bien avec son nouveau patron, rompit avec
lui et devint son concurrent en s'installant presque à sa porte,
au 14. Mêlé d'assez loin à l'insurrection de la Commune,
il connut les horreurs du camp de Satory, passa en conseil
de guerre, mais, grâce à quelques appuis, se tira d'affaire
et put reprendre son commerce de toiles et couleurs, auquel,
dès 70, il ajoutait celui des tableaux par lui choisis entre les
moins académiques. Il fut sur-le-champ tout acquis à Pissarro, qui ne tarda pas à lui amener Guillaumin, puis Cézanne.

Pissarro écrivait à Théodore Duret, le 2 février 1873 (lettre
inédite) :

« Vous avez raison, mon cher, vous commençons à faire
notre trouée. Nous sommes bien contestés par certains maîtres
mais ne faut-il pas s'attendre à ces divergences de vue, quand
on arrive en intrus planter son modeste petit drapeau au
milieu de la mêlée ? Durand-Ruel tient bon, nous espérons
marcher de l'avant sans nous inquiéter des opinions ».

Il se lie avec un jeune paysagiste — vingt-six ans — fixé dans le voisinage : Victor Vignon. Puis un autre compagnon lui est donné : son ami Cézanne, rentré d'Aix depuis quelques mois, est venu résider à Auvers-sur-Oise, avec sa femme et son fils. Ils se rencontreront assez fréquemment dans la vallée, échangeront leurs idées et leurs projets. Pissarro, en outre, voit quelquefois Claude Monet, qui s'isole à Argenteuil. Il suit avec grand intérêt le développement de son talent, « talent très pur, déclare-t-il, art très étudié, basé sur l'observation, et d'un sentiment tout nouveau ; c'est la poésie par l'harmonie des couleurs variées » (¹). Notons en passant que Pissarro se plut toujours à faire l'éloge de ses camarades. Il était âprement ironiste, avait à l'occasion la dent dure, sans que jamais le moindre mot de dénigrement vînt à ses lèvres ou sous sa plume. Chaque fois qu'une scission menaçait ce qu'il appelait « le camp des amis », il s'empressait d'intervenir, et les querelles cessaient aussitôt devant sa bonne humeur, sa verve volontiers gouailleuse, que la cruauté de la lutte pour l'existence ne parvint jamais à tarir.

Lutte déjà terrible pour lui, marié, père de famille, et dont la vente devenait de plus en plus incertaine à mesure qu'il s'éloignait de l'esthétique courante. Dans une lettre d'octobre 1873 à Théodore Duret, il avoue qu'il attend la rentrée des amateurs dans Paris pour vendre un tableau. « Je n'ai pas le premier sou, ajoute-t-il. J'ai beaucoup travaillé, et j'espère qu'enfin cette année je pourrai me mettre à l'abri du besoin, au moins dans la morte-saison ». Il annonce aussi qu'il est « en train de faire une bergère avec des moutons, une toile de 20 ». Il commençait, en effet, à prêter une place encore accessoire à la figure, dans ses paysages, et les quelques connaisseurs qui venaient à lui n'étaient pas sans prendre un vif intérêt à ses recherches dans un domaine où, jusqu'à

(¹) Lettre inédite à Théodore Duret (2 mai 1873).

présent, aucun peintre digne d'attention n'avait osé s'engager à la suite de Millet. Montrer, après Millet, le vrai paysan, peinant sur la vraie glèbe, détachant sa silhouette sur un horizon sans autre apprêt que celui de la nature, cela semblait être d'une témérité folle, et l'on n'imaginait pas que les imitateurs pussent être autre chose que des pasticheurs. Mais pareilles considérations ne pouvaient émouvoir Pissarro, son objectif étant simplement de représenter, avec la plus grande vérité possible, les choses et les êtres dans le plein-air lumineux où il les voyait vivre. Au reste, s'il admirait en Millet la personnalité souvent puissante d'un maître qui, dans l'interprétation des gestes humains, s'était approché de la vie plus qu'aucun autre, Courbet excepté, il n'en apercevait pas moins le caractère encore conventionnel d'un naturisme qui avait transporté dans les prés de Barbizon les détestables traditions d'atelier. « C'est moi qui suis hébreu, et c'est Millet qui est biblique », devait-il dire, en riant, plus tard, alors que des critiques superficiels persistaient à voir en ses paysans les pastiches de ceux de Millet. Le mot est juste. Il marque bien tout ce qui sépare le véridique humanisme de l'un, du romantisme rural de l'autre. Il différencie non seulement deux artistes, mais encore deux époques, deux écoles, deux sensibilités.

◘

Il lui arrivait de travailler aux côtés de Cézanne, qui, au cours de l'été de 1873, peignit à Auvers sa *Maison du pendu*, de la collection Camondo. On a dit avec un peu trop d'insistance que les recherches du peintre aixois l'avaient vivement influencé, et il n'est pas douteux qu'il s'y intéressa, qu'à son tour il chercha des notations coloristes plus sobres, exprimant les formes sans accumulation de valeurs. Mais sa spontanéité de créole s'opposait au perpétuel tourment de

Cézanne, mécontent de lui toujours, et qui enfantait dans la souffrance des chefs-d'œuvre qu'aussitôt il reniait. « Dès le moment que vous cherchez des moutons à cinq pattes, plaisantait-il dans une lettre à Duret (8 décembre 1873), Cézanne pourra vous satisfaire, car il a des études fort étranges et vues d'une façon unique ».

En janvier 1874, une chance inattendue lui advient, qui d'ailleurs n'a pas d'effets immédiats pour lui : A l'hôtel Drouot, dans une vente anonyme, sept toiles de lui sont offertes aux enchères. Une nature morte, *Pommes de châtaignier et faïence sur une table*, fait 270 francs ; deux paysages, *Chemin* et *Rue de village*, montent à 320 et 350. Mais — ô miracle ! — une *Allée plantée d'arbres, près de Pontoise*, arrive à 700 francs, et l'on se dispute jusqu'à 950 une *Fabrique et barrage dans l'Oise !* De tels prix sont si extraordinaires, qu'on les tient partout pour invraisemblables. On en parle dans les ateliers, chez Tortoni, à la Nouvelle-Athènes, où se retrouve à présent presque toute l'ancienne bande du Guerbois. Et notre peintre qui, tout le premier, « n'en revient pas », se hâte d'en écrire à Théodore Duret, que l'événement n'a pas été non plus sans ébaubir : « Les effets de la vente Drouot se font sentir jusqu'à Pontoise. On est fort surpris qu'un tableau de moi ait pu monter à 950 francs. On nous a même dit que c'était étonnant pour un paysage pur ». Une orgueilleuse joie perce en ce billet, la naïve bonne joie de l'artiste, que le moindre succès réconforte. Peu importait à Pissarro, certes, que ce succès heureux le fût surtout pour le vendeur.

◘

Nous atteignons ici à une date décisive : 1874. Décisive, et non pas pour Pissarro seulement, mais pour tous les peintres dont il était l'ami, et que rassemblaient d'évidentes affinités

de technique. Jusqu'alors les liens qui les unissaient étaient
demeurés indistincts, et ni le public, ni la presse, n'en soup-
çonnaient l'existence. Soudain, ces liens vont être révélés,
précisés, renforcés par une critique ignare, qui jettera dans
le même sac à invectives tous ces artistes, les désignera
collectivement au décri public, à l'injure, à la haine des gens
que scandalise toute manifestation d'indépendance, toute
tentative d'évasion hors de la voie commune. Ils n'étaient
qu'un groupe cordial : la persécution va en faire une cohorte.
Du jour au lendemain l'enseigne de dérision d'une école va
les marquer pour l'histoire. Et ce sera l'Impressionnisme,
c'est-à-dire le fait artistique le plus considérable qu'ait connu
la fin du XIXe siècle, et dont les répercussions auront ému
tout le premier quart du XXe. Une modeste exposition en
fut l'origine. Le photographe Nadar avait mis ses salles du
boulevard des Capucines à la disposition de ceux qu'on
appelait les indépendants ou les intransigeants, et qui,
maltraités par le jury du Salon, voulaient néanmoins placer
leurs œuvres sous les yeux des amateurs. Leur société impro-
visée était assez mêlée. S'y rencontraient, avec Pissarro,
qui avait envoyé cinq paysages : Sisley, Cézanne, Claude
Monet, Renoir, Guillaumin, Berthe Morisot, Degas, consti-
tuant un bloc assez homogène, puis Robert, Boudin, Cals,
Bracquemond, Gustave Colin, Lépine, de Nittis, Rouart,
puis encore une quinzaine d'artistes moins connus, recrutés
pour servir d'appoint de protestation contre les officiels.
Les représentants des tendances nouvelles, les peintres qui
se signalaient par leurs recherches de lumière et de couleurs,
s'y trouvaient donc en minorité.

Constituée sous la firme de « Société anonyme des artistes
peintres, sculpteurs et graveurs », l'exposition ouvrit ses
portes le 15 avril, deux semaines avant le Salon. Elle fut
sur-le-champ l'objet des plus lourdes railleries. Le public,
excité par les lazzis de la petite presse satirique, accourut

chez Nadar pour y rire aux éclats devant les barbouillages
de ces mystificateurs ou de ces fous. Claude Monet, entr'autres
paysages, exposait une marine — elle est aujourd'hui la
propriété de M. Donop de Monchy — intitulée : *Impression,
soleil levant*, si bien qu'un nigaud du nom de Louis Leroy,
collaborateur du *Charivari*, dont Pierre Véron, qui le dirigeait, avait fait le journal le plus hostile aux efforts des novateurs, prit prétexte de ce titre de tableau pour intituler son
compte rendu : « Exposition des Impressionnistes ». Et c'est
ainsi que naquit l'appellation. Impressionnistes ! Ces fou-
gueux indépendants, ces intransigeants farouches dédai-
gnaient, par impuissance ou paresse, de mener jusqu'au
bout leurs peintures. Ils se contentaient de brosser des impressions. Quels farceurs ! Impressionnistes ! Accrochée à
l'exposition par le stupide Louis Leroy, l'épithète eut une
fortune inouïe. On ne parla plus que d'impressions, d'impressionnisme et d'impressionnistes. Le mot de blague
était lancé. Il fut relevé, fièrement recueilli par les blagués
eux-mêmes. Impressionnistes ? Eh bien, soit, parfaitement !

L'exposition prit fin le 15 mai, sans grand succès matériel
pour aucun des exposants. Pissarro avait eu sa bonne part
des critiques malveillantes. Il exposait cinq paysages : *Verger,
Gelée blanche, Châtaigniers à Osny, Jardin de la ville de
Pontoise, Matinée du mois de juin*. Il n'avait rien vendu,
et le pauvre artiste n'était pas sans inquiétude, car la saison
d'été allait commencer, enlevant toute chance de vente
jusqu'à la rentrée de septembre (¹). Quatre mois très durs
s'écoulèrent donc à l'Hermitage, quatre mois cependant
remplis par un travail passionné. Octobre vint, qui n'amena
pas une amélioration bien sensible. Aussi Pissarro accepta-t-il
l'invitation de son ami Piette, qui l'engageait à venir passer

---

(¹) Notons qu'il continuait, fait surprenant, d'avoir sa *cote* à l'hôtel Drouot,
où, le 20 avril, dans la vente G. de L., un de ses paysages, *Vue d'une usine*, était
adjugé 580 francs.

quelque temps à Montfoucault avec sa famille. « Je ne serai
pas de retour avant janvier, écrit-il à Duret le 22 octobre.
Je vais étudier les figures et les animaux de la vraie campagne ». Mais il ne s'éloigna pas de Paris sans avoir confié
à quelqu'un le soin de veiller à ses intérêts. C'est le peintre
Guillaumin, ami sûr, qui est chargé « de ses petites affaires »,
comme de montrer aux amateurs quelques tableaux laissés
dans un pied-à-terre qu'il a loué, rue Berthe. Cependant,
le 11 décembre, il annonce : « Je pense quitter les bois
que j'habite depuis un mois pour rentrer à Pontoise... J'ai
travaillé pas mal ici, je me suis mis aux figures et animaux.
J'ai plusieurs tableaux de genre, je me lance *timidement*
dans cette branche de l'art, si illustrée par des artistes de
premier ordre. C'est bien audacieux, je crains de faire un
four complet » (¹). Soulignons cette modestie d'un artiste
qui, tout justement, venait de peindre quelques-uns de ses
plus saisissants paysages à figures, bergères et gardeuses de
vaches. Mais Pissarro savait rester humble devant l'art,
et il n'était pas de ceux qui vont à la louange en commençant
par se la décerner à eux-mêmes. De retour à Pontoise en
février seulement, c'est à la figure encore qu'il se consacre.
Il écrit le 12 juin 1875 (¹) :

« J'ai déjà pensé, ainsi que vous me le conseillez, à faire
un tableau important de figures en plein air. Les sujets ne
manquent pas, le plus difficile est de trouver un modèle
dans le caractère, qui veuille bien poser. Ce n'est qu'à force
d'argent que l'on pourrait y arriver. Hélas ! c'est justement
ce qui me manque. Il ne faut pas penser faire un tableau
sérieux sans la nature, surtout dans la donnée que je pourrais
poursuivre. Mais n'ayez crainte : aussitôt que l'occasion
favorable se présentera, j'en profiterai pour mettre à exécu-
tion mon projet ».

(¹) Lettres inédites à Théodore Duret.

Et le parfait camarade qu'il est épigraphie en manière
de post-scriptum cette opinion qu'il a du talent de Guillaumin :

« Je suis bien heureux d'apprendre que vous avez pris la
Mauresque de Guillaumin. C'est un brave garçon, que j'aime
beaucoup. Il a en ce moment chez Tanguy un paysage,
bord de la Seine, qui est de premier ordre. Si vous avez un
moment, allez le voir ».

Mais nous arrivons au temps dramatique de l'Impressionnisme, à la période critique, douloureusement militante, du
vaillant petit groupe formé par Pissarro, Monet, Sisley,
Renoir, qui va se heurter, à présent, non plus seulement
aux forces actives de la critique rétrograde, mais à cette redou-
table force d'inertie qu'est l'indifférence ou l'hésitation des
amateurs, évidemment influencés par le haro public. En vain
ces peintres exécuteront-ils des figures et des paysages,
tout baignés de lumière, tout frémissants de vie : De moins
en moins ils trouveront des appréciateurs qui consentiront
à les acquérir, à payer quelques louis ces toiles — peinture
de communards ! profèrent les gens de l'ordre — qu'ils
n'oseront pas accrocher aux murs de leur appartement,
où les accueilleraient les huées des visiteurs. Il existe bien
quelques collectionneurs animés de foi, mais ils sont déjà
pourvus, et le recrutement de clients nouveaux apparaît
problématique aux quelques marchands voués à cette pein-
ture-là, Durand-Ruel, Martin, Tanguy. Certes, on peut faire
confiance à l'avenir. La clientèle attendue se manifestera.
L'Impressionnisme triomphera, un jour ou l'autre. Oui,
mais quand ? Et d'ici là, comment vivre ? Telle est, en 1875,
la question qui se pose pour tous les artistes indépendants.

Elle se pose, mais elle est insoluble. Et la plus grande misère s'annonce — qui durera pour le moins dix ans.

Cette grande détresse des impressionnistes, cette crucifixion de dix années — de 1875 à 1885 — personne, jusqu'ici, n'en a fait ressortir l'atrocité. On a bien dit l'âpreté de cette lutte si longue, et que souvent ces peintres avaient connu les affres de la faim. Mais on n'a pas tout raconté, par discrétion peut-être, comme si l'évocation d'un passé de désolation eût pu faire tache sur la sereine histoire du présent. L'ex-pâtissier-cuisinier Eugène Murer, devenu peintre sur le tard, qui vécut de si près cette période impressionniste, et dont l'auteur de ces pages fut le plus constant ami, disait laconiquement : « Ils ont beaucoup souffert ». Puis il se taisait, comme effrayé de cette déclaration quasi confidentielle. Alors il faisait passer sous nos yeux des paquets de lettres — lettres de Pissarro, surtout, qui fut, pourrait-on dire, l'épistolier du groupe — et nous pouvions nous convaincre qu'en effet ils avaient subi des traverses effroyables, vécu la plus cruelle destinée qui échut jamais à des artistes. Avant eux, assurément, on avait pu voir des peintres condamnés à une misérable existence de bohème, mais c'était généralement le fait d'un dandysme crapuleux, tandis que Pissarro et ses amis n'avaient jamais cessé d'être de grands laborieux, mettant tout en œuvre pour s'arracher à leur horrible état de misère. Aussi est-elle toute à leur gloire, cette détresse de plus de dix années, qui n'abattit pas plus leur courage qu'elle n'altéra leur talent. Lorsqu'après cette nuit interminable les premières clartés leur apparurent enfin, ils purent se dire avec orgueil qu'ils n'avaient abdiqué en rien, qu'ils étaient restés eux-mêmes, que l'aube du triomphe se levait pour eux sur la complète défaite de leurs adversaires.

Dans les premiers mois de 1875 Claude Monet était « tout à fait à la côte », expression même d'Édouard Manet, qui, venant à son secours, proposait à Théodore Duret « de lui trouver quelqu'un qui lui prendrait au choix de dix à vingt tableaux, à raison de cent francs ». Sisley avait usé jusqu'à son dernier sou. Quant à Renoir — cela au temps même où il peignait son saisissant *Pont-Neuf* — il écrivait à un ami : « Il faut que je trouve 40 francs avant midi, et je n'ai que 3 francs ». Et c'était tous les jours pareille gêne. Monet, Renoir, Sisley — et avec eux Berthe Morisot — s'étant avisés de faire, en mars, une vente à l'Hôtel Drouot, ce fut le plus complet désastre. Sous les rires et les huées, 70 tableaux furent adjugés pour un total de 10.349 francs. Pissarro n'avait pas participé à l'expérience, mais il devait bientôt en ressentir le contre-coup.

Ceux qu'on dénommait les impressionnistes décidèrent, malgré tout, de reparaître devant le public, en renouvelant l'exposition de 1874. Elle ouvrit le 11 avril 1876, chez Durand-Ruel, 11, rue Le Peletier. Pissarro, représenté par des paysages de la région de Pontoise, y rejoignit, encadrant Berthe Morisot, ses amis Monet, Renoir, Sisley, Degas, auxquels étaient venus s'ajouter Caillebotte et Tillot. Mais, cette fois, 19 peintres seulement exposaient, contre 30 en 1874. Les uns avaient abandonné par couardise, par peur des coups, d'autres avaient reconnu que rien ne les reliait à l'Impressionnisme. Guillaumin, lui, ne manquait à l'appel que parce qu'il n'était pas prêt.

Aussitôt se renouvela, dans une partie de la presse, l'habituel concert d'injures. La *France*, le *Pays*, le *Soir*, le *Soleil*, publièrent des appréciations grossières ou ridicules. La palme revint à certain pseudo-critique à face de macaque, Albert Wolff qui, d'origine allemande, avait dû regagner l'Allemagne lors de la déclaration de guerre et s'était empressé d'en revenir dès la cessation des hostilités. « L'homme le plus spirituel de Paris », disait-il de lui-même, en cuisinant à la Parisienne l'esprit de son Francfort natal. « La rue Le Peletier a du malheur, écrivit-il dans le *Figaro*. Après l'in-

cendie de l'Opéra, voici un nouveau désastre qui s'abat sur
le quartier. On vient d'ouvrir, chez Durand-Ruel, une exposition qu'on dit être de peinture... Cinq ou six aliénés, dont
une femme, s'y sont donné rendez-vous pour exposer leurs
œuvres... Ces soi-disant artistes s'intitulent les Intransigeants,
les Impressionnistes. Ils prennent des toiles, de la couleur
et des brosses, jettent au hasard quelques tons et signent
le tout. C'est ainsi qu'à Ville-Évrard des esprits égarés
ramassent les cailloux sur leur chemin et croient avoir trouvé
des diamants ».

En revanche, un critique clairvoyant comme Castagnary,
rendant compte du Salon officiel dans le *Siècle*, s'élevait une
fois de plus avec sévérité contre l'aveuglement du jury qui,
précisément, venait de refuser l'*Artiste* (portrait de Desboutin), de Manet, et il en prenait sujet pour parler de l'exposition
particulière des Impressionnistes. Il constatait qu'en dépit
des exclusions systématiques, le Salon révélait le caractère
irrésistible de la poussée du dehors, celle de l'Impressionnisme :

« ... Ce qui caractérise le Salon actuel, c'est un immense
effort vers la lumière et la vérité. Tout ce qui rappelle le
convenu, l'artificiel, le faux, déplaît. J'ai vu poindre l'aube
de ce retour à la simplicité franche, mais je ne croyais pas
que ses progrès fussent si rapides. Ils sont flagrants, ils éclatent
cette année. La jeunesse y est lancée tout entière et, sans
s'en rendre compte, la foule donne raison aux novateurs...
Eh bien ! les impressionnistes ont eu une part dans ce mouvement. Les personnes qui sont allées chez Durand-Ruel,
qui ont vu les paysages si justes et si vibrants de MM. Claude
Monet, Pissarro, Sisley, ne le mettent pas en doute ».

Au même moment, le critique et romancier Duranty
publiait chez Dentu sa brochure devenue fameuse, *La nouvelle peinture, à propos du groupe d'artistes qui expose dans les
galeries Durand-Ruel*. Il y définissait en termes heureux la

physionomie de cette peinture nouvelle, décrivait « le jeune rameau développé sur le vieux tronc de l'art ». L'effort neuf des artistes dont l'exposition suscitait tant d'injurieuses moqueries, il le situait d'abord dans la coloration, « où ils ont fait une véritable découverte, dont l'origine ne peut se retrouver ailleurs, ni chez les Hollandais, ni dans les tons clairs de la fresque, ni dans les tonalités légères du XVIIIe siècle. »

Ainsi, la grossièreté des outrages était compensée par la qualité des éloges, et les impressionnistes pouvaient, somme toute, se tenir pour satisfaits. Hélas ! cela ne faisait pas, comme on dit, bouillir la marmite. Les amateurs persistaient à bouder la peinture impressionniste. L'attitude de Durand-Ruel, ferme sur la brèche et faisant de son négoce une sorte d'apostolat, devenait véritablement héroïque. Les impressionnistes prennent la résolution de marquer par une autre manifestation, la troisième, l'année 1877. L'occasion s'offre à eux d'un vaste local au premier étage d'une maison qu'on est en train de remettre à neuf, 6, rue Le Peletier, presque au coin du boulevard. L'exposition ouvre ses portes en avril, sous ce titre avoué : « Exposition des Impressionnistes ». Dix-huit exposants y figurent. Pissarro a amené son ami Piette. On peut être surpris qu'il n'ait pas fait inviter Paul Gauguin, qui, depuis 1874, écoutait ses conseils. Un nouveau venu, tout jeune, vingt-trois ans : Frédéric Cordey.

Les envois de Pissarro — bords de l'Oise, jardins, vergers — étaient des plus caractéristiques. Un métier pur de tout alliage s'y manifestait : des touches sonores, sans tons rabattus ou suspects de produire un effet intermédiaire. Et il avait poussé le souci d'harmonie générale jusqu'à isoler sa peinture en l'encadrant d'une large moulure blanche, dite moulure Whistler. Les couleurs, en de tels cadres, éclataient comme fusées d'artifice.

Le débit d'insanes critiques de presse ne fut pas moins abondant qu'auparavant. Il y eut un officiel, un inspecteur des Beaux-Arts, Roger Ballu, l'incompréhension faite homme, pour railler niaisement, à la façon d'Albert Wolff, sans se donner la peine d'apporter contre l'Impressionnisme quelque argument digne de discussion. Le public vint en foule et s'amusa follement, plus que jamais convaincu que les auteurs de ces élucubrations coloristes étaient d'aimables rigolos, de ces joyeux rapins de brasserie qui se mettent en quatre pour amuser une société. Impressionniste, cela rimait à fumiste. Était-il vrai que des gens achetaient de cette peinture ? Le *Charivari* demandait à voir leurs têtes, afin de régaler de ce spectacle ses joyeux lecteurs.

Pissarro et ses amis firent une fois de plus contre mauvaise fortune bon cœur. L'exposition close, ils envoyèrent une partie de leurs tableaux à l'Hôtel Drouot, au risque de les voir adjuger au prix des cadres. La vente eut lieu le 28 mai, et 45 tableaux furent mis aux enchères, salués à chaque présentation par des quolibets, des éclats de rire, des imitations de cris d'animaux. Au total, 7.610 francs furent réalisés, représentant une moyenne de 169 francs par tableau — moyenne, somme toute, honorable. Les Pissarro firent : le *Clos, printemps*, 106 francs, *Moissonneurs au repos*, 130, le *Sentier*, 200, *Poiriers en fleurs*, 230, *Grand poirier à Montfoucault*, 130. Il est vrai que pour 47 francs un enchérisseur modeste avait pu s'offrir un délicieux Renoir...

L'été de 1877 fut gâté pour Pissarro par l'obsédant problème de vivre. Mélancoliquement, chaque jour, il allait à travers cette ravissante campagne des environs de Pontoise, de l'Hermitage au Valhermeil en passant par le Chou, ou bien encore, suivant les méandres de l'Oise, il poussait jusqu'auprès de Vauréal. Alors il plantait son chevalet au creux d'un chemin, ou devant le mamelonnement des coteaux, dans quelque sente herbue longeant de maigres jardins aux murs bas. Une vieille femme butait ses pommes de terre ;

une autre faisait sa lessive ; une fillette gardait des chèvres ;
une vachère passait ; des paysans déchargeaient du fumier.
Il plaçait sa toile, préparait sa palette, s'abandonnait à la
joie de traduire la rustique nature qui s'animait devant lui.
Mais tout en travaillant il songeait aux nécessités immédiates,
et bien vite il pliait bagage, prenait le train pour Paris,
s'en allait battre le pavé, à la recherche de quelques pièces
de cent sous pour lesquelles, trop souvent, il était prêt à
abandonner tout le lot de ses peintures. Il en arrivait à passer
à Paris des semaines entières, descendant soit dans une
chambre qu'il avait quai d'Anjou, soit chez Mme Pissarro
mère, rue Paradis-Poissonnière, perdant son temps à de
vaines explorations chez ses amis et ses amateurs, chez
Caillebotte, Duret, de Bellio, Faure, Meunier dit Murer,
Hayem, Arosa, parent de Gauguin (¹), chez miss Mary Cassatt
qui lui ouvrait ses relations américaines. Il courait éperdu-
ment de l'un à l'autre, bien résolu à ne pas regagner Pontoise
la poche vide, tout crédit étant épuisé à la maison.

Eugène Murer tenait alors, au 95 du boulevard Voltaire,
dans la maison des « Bains du Prince Eugène », une pâtisserie-
cuisine bourgeoise très achalandée, dont il était le Ragueneau
pittoresque, et Renoir, Sisley, Guillaumin — son ami d'école
à Moulins — y faisaient figure d'habitués, alors que Pissarro n'y pouvait venir que de temps à autre. On y rencontrait aussi Victor Vignon, le père Tanguy, les graveurs
Guérard, Norbert Goëneutte, Bresdin, dit Chien-Caillou, le
musicien Jean de Cabanes, dit Cabaner. Murer, par Guillaumin, avait été de tout temps lié avec le groupe des peintres
indépendants, et il se passionnait pour la peinture claire,
au point de se jurer d'en faire à son tour dès que ses fourneaux

---

(¹) A la vente Arosa, en 1888, se trouvaient cinq peintures de Pissarro : *Une rue
de village* fit 310 francs ; le *Printemps*, l'*Eté*, l'*Automne*, l'*Hiver*, quatre grandes
toiles, ensemble 1.155 francs. Arosa les avait payées cent francs chacune en 1872.

lui laisseraient quelque liberté. En attendant, il en achetait
à petits prix, troquant parfois gâteaux, pâtés et plats contre
des toiles. En outre, il occupait ses soirées à écrire, collabo-
rait à de vagues feuilles, et il venait précisément de publier,
au commencement de 1877, chez l'éditeur Arnould, boulevard Montmartre, un roman, *Les fils du siècle*, sous le
transparent pseudonyme de Gêne-Mur. Il en avait d'ailleurs plusieurs autres en projet ou sur le chantier.

Il a laissé — il mourut en avril 1906 — d'abondantes notes,
réflexions ou souvenirs, qui sont en notre possession. «En ce
temps-là, lisons-nous dans un de ses cahiers, j'habitais,
boulevard Voltaire, une boutique décorée par les impressionnistes. Renoir avait illustré les frises avec de pimpantes
guirlandes de fleurs. Pissarro, en quelques coups de brosse,
couvrit les panneaux de paysages pontoisiens. Monet, toujours à la poursuite d'un louis, s'était contenté de venir voir
comment cela marchait. Depuis deux ans, tous les mercredis,
nous nous réunissions, mes camarades et moi, en un dîner
fraternel présidé par ma sœur. Ce soir-là, Pissarro n'était pas
venu. Renoir, au dessert, nous raconta que toute la journée
il avait couru, une toile sous le bras, pour tâcher de la placer.
Partout on l'avait éconduit en lui disant : « Vous venez
trop tard. Pissarro sort d'ici. Je lui ai pris son tableau. Affaire
d'humanité : Il a tant de famille ! Pauvre garçon!... » Ce
« pauvre garçon », répété à toutes les portes où il frappa,
exaspérait Renoir, déjà fort mécontent de n'avoir rien vendu.

« — Alors, s'écria-t-il, de sa voix d'ogre bon enfant, en se
passant nerveusement l'index sous le nez, geste qui lui était
familier, parce que je suis célibataire et sans enfants, je dois
mourir de faim ? Ma situation est aussi précaire que celle de
Pissarro. Cependant, en parlant de moi, jamais personne ne
dit : Ce pauvre Renoir !... »

Mais feuilletons un instant le dossier des lettres — toutes

inédites — adressées par Pissarro à Murer. Lisons celle-ci, d'abord, qu'il lui écrivait le 2 juillet 1877 (¹).

« Vous désirez mon intérieur breton à la place du coteau. C'est un tableau auquel je tiens, il ne me reste plus guère de figures de la Bretagne. Je vous le céderai, à condition que vous me paierez les deux petites toiles à mon prix ordinaire de 50 fr. chaque. C'est ainsi que je me suis arrangé avec Mme Latouche, au prix de 100 fr. pour toutes les toiles jusqu'au 20. »

Observons que les peintures dites de Bretagne dont parlait Pissarro avaient été exécutées par lui entre Montfoucault (Mayenne) et Fougères (Ille-et-Vilaine), alors qu'il séjournait chez Ludovic Piette.

Quelque temps après. Il est aux abois, à Paris. Il lui faut de l'argent, coûte que coûte :

« J'ai remis chez Petit un petit panneau pour lequel je compte recevoir 50 fr., mais on m'a prié de repasser, M. Petit étant de noce. Que faire ? J'attends cette goutte d'eau comme un voyageur dans le désert. Ne pourriez-vous m'avancer cette somme ? A Pontoise, on l'attend avec anxiété ».

Eugène Murer lui répond aussitôt, l'invite à passer le voir boulevard Voltaire. Ils dînent de compagnie, et ils causent. Pissarro ne lui dissimule rien de sa pénible situation. Autre lettre :

« Hier soir, je vous ai parlé d'un tableau que j'ai à Pontoise, représentant une paysanne assise. Cette toile me paraît présenter un certain intérêt pour l'amateur qui désirerait avoir une série indiquant les recherches de tons d'un peintre ; vous connaissez, je pense, ce tableau : C'est une petite paysanne à la figure rouge brique, la tête couverte d'un capuchon jaunâtre. Toile sombre, terrible, ne manquant pas de carac-

---

(¹) Les lettres de Pissarro sont bien souvent sans date. En revanche, la plupart de ses peintures sont datées.

tère, du reste largement étudiée. Si cette toile peut vous convenir, je vous la vendrai avec joie, ayant comme vous le savez absolument besoin d'envoyer à Pontoise de l'argent. Si cette affaire vous convient, en passant rue Paradis-Poissonnière vous pourriez déposer la somme chez ma mère le plus tôt possible. Je jette par-dessus bord tout mon lot, car ces études m'étaient chères ».

Cependant la situation ne pouvait qu'aller en empirant, pas meilleure pour Monet, Renoir, Sisley que pour Pissarro. L'héroïque ténacité de Durand-Ruel s'avouait vaincue, et le grand marchand, qui allait à la ruine en continuant d'entasser dans ses magasins des tableaux invendables, se voyait obligé de revenir momentanément au commerce de maîtres comme Corot, Rousseau, Delacroix, Millet, ces grands disparus qui se classaient enfin dans les collections et les musées. Ses clients considéraient son insistance à défendre les impressionnistes, et celle de certaine presse à célébrer leur talent, comme un véritable coup monté, dont ils se juraient bien de n'être pas les dupes. Précisément, en mai 1878, Théodore Duret publiait une brochure, les *Peintres impressionnistes*, consacrée à Pissarro, Monet, Sisley, Renoir, Berthe Morisot, et dans laquelle il montrait combien singulière était la contradiction entre ces deux états d'esprit, celui des amateurs de peinture qui persistaient à bafouer les nouveaux venus, et celui des critiques les plus autorisés, d'écrivains dont le talent et le goût ne pouvaient être mis en doute, et qui, tout au contraire, les cautionnaient de leur estime et de leur admiration.

Et les lettres à Murer, en cette année 1878, ne cessent de faire entendre le même glas sinistre. Pissarro déclare qu'il ne sait plus « où donner de la tête » :

« Mon cher ami, j'accepte votre offre, mes deux toiles de 20, à 50 fr. chaque, représentant deux automnes. Je vous remercie de l'effort... Ce sont deux toiles très étudiées, surtout celle de la maison rouge. Je n'ai rien fait de mieux ».

Et quelques jours plus tard :

« J'ai reçu les 20 fr. que vous m'avez fait parvenir par mon garçon. Merci. J'attends toujours celui qui doit me délivrer de mon *enfer d'inaction*. J'ai eu la visite de Desboutin et de l'homme de lettres italien. Ce dernier est très enthousiaste de cette peinture. Il a une si haute estime pour mon art que j'en suis confus et n'ose vraiment y croire. Je ne me comprends du reste pas moi-même. Un étranger verrait-il plus clair que moi ? »

Autre lettre encore, de la même époque :

« Voilà huit jours que je cours tout Paris, cherchant en vain l'homme-type, acheteur de tableaux d'impressionniste. Je cherche encore. Chabrié ne s'est point décidé. Il a reculé l'affaire à trois mois. J'avais fini par dénicher un enthousiaste, mais la vente Hoschedé m'a tué ([1]). Il se décidera pour quelques tableaux inférieurs de moi, qu'il pourra se procurer à bon prix à l'Hôtel Drouot. Me voilà encore sans le sou.

« Voulez-vous encore une fois me prêter 50 fr., que j'envoie là-bas où l'on doit attendre avec une grande impatience ?... Veuillez, je vous prie, me répondre. C'est pressé ».

Entre temps, Renoir ayant peint le portrait de Mlle Marie Meunier, sœur de Murer, il peint à son tour celui de Murer, sur une même toile ovale, et ce lui est une occasion de venir plusieurs jours de suite au boulevard Voltaire. Il y est fait une première allusion dans un billet où il recommande à l'écrivain-pâtissier de laisser pousser sa barbiche : « Nous

---

([1]) Hoschedé, qui dirigeait le « Gagne-Petit » et fonda en 1880 l'*Art et la Mode*, fut mêlé de trop près au mouvement impressionniste pour que nous ne soulignions pas son nom au passage. Sa vente eut lieu au printemps de 1878. Les peintures de Pissarro y furent adjugées à des prix dérisoires.

verrons à la greffer sur le portrait, et ce sera un attrait de plus, car j'entrevois de riches colorations à y ajouter ». Puis il écrit pour en réclamer le prix :

« Je suis dans le plus grand besoin d'argent, comme vous devez vous en douter. Pas un sou à Pontoise. Il faut absolument que j'en envoie. Voudriez-vous me solder le compte du portrait, en déduisant, bien entendu, ce que je vous dois pour les différents articles fournis par vous. Je crois que le prix de 150 fr. pour tout le mal que je me suis donné est un prix doux. J'espère qu'il me restera encore quelque argent que j'enverrai immédiatement à ma femme. Que les temps sont durs ! »

Mais Murer discute ce prix de 150 francs, qu'il trouve trop élevé, Renoir, pour le portrait de Mlle Meunier, n'ayant demandé que 100 francs. Pissarro réplique :

« Vous avez été surpris de ce prix de 150 fr. pour votre portrait, Renoir n'ayant exigé que 100 fr. de celui de Mlle Marie. Je tiens donc à vous faire savoir qu'avant de vous faire un prix, j'avais consulté l'ami Renoir, et nous nous étions arrêtés d'un commun accord à ce prix, qui me paraissait raisonnable. Je sais fort bien que Renoir pouvait demander plus que moi, étant portraitiste éminent, mais moins me paraissait impossible ».

Le différend est aplani. D'ailleurs, devant la détresse croissante de Pissarro, une idée vient à Murer, celle de mettre en tombola quelques tableaux de son ami, d'en placer les billets dans sa clientèle bourgeoise. Cent billets à vingt sous. Quatre peintures. Pissarro, enchanté, en offrit six :

« Je vous envoie par le commissionnaire quatre toiles pour la loterie. Ma femme pense que c'est une idée qui vaut la peine d'être poursuivie. Elle vous remercie beaucoup. Je vous porterai deux petites toiles pour compléter la série, si quatre ne suffisent pas.

« Autre idée : Ne pensez-vous pas qu'il serait mieux de

mettre des cadres bon marché, afin que ce soit plus présentable ? Au besoin, augmenter de 50 billets pour les frais. Qu'en dites-vous ? »

Les cent billets furent assez facilement placés. Toutes les petites bonnes du quartier en voulurent. Or, l'une d'elles fut, au tirage, favorisée par la chance. Elle accourut. Meunier-Murer lui montra, humblement accroché dans la boutique, parmi le faste des tartes ourlées de fruits, des « Saint-Honoré » farcis de crême, le tableau qu'elle avait gagné. La petite bonne regarda, béante de déception, ses mornes yeux allant des succulentes gourmandises à la vilaine petite chose peinte. Comme elle regrettait ses vingt sous !

— Si ça vous était égal, finit-elle par dire, je préférerais un Saint-Honoré.

Elle eut le Saint-Honoré. Elle l'emporta, ravie. Et Murer, plus ravi encore, garda le tableau.

Mais l'expédient de la loterie ne pouvait sauver Pissarro qui, dans ce Paris que faisait si tumultueux l'Exposition universelle, s'enfiévrait à la vaine recherche de l'amateur. Aussi jette-t-il à Murer de nouveaux cris de détresse :

« J'étais décidé à rester à Paris, lui écrit-il (août 1878), mais je reçois à l'instant une lettre de ma femme. Elle est tellement découragée, désespérée, même, que la prudence me fait un devoir d'aller auprès d'elle. Évidemment, cela ne changera rien aux affaires si piteuses que je fais depuis quinze jours à Paris. Je traverse une crise affreuse, et je ne vois pas le moyen d'en sortir.

« Je vous prierai, si l'occasion s'en présente, de tâcher de placer à Leroux mes deux tableaux faisant pendant. Vous savez ce que je veux dire, la toile de 30 basse, 300 fr. les deux. Cela me permettrait de donner 200 au boucher, le reste, ou en partie, au boulanger, et me permettrait d'attendre des jours meilleurs. Cela va mal. »

Et de Pontoise il insiste. Il compte sur cet acheteur possible qu'est M. Leroux (¹). Sa lettre atteste un profond désespoir :

« J'ai inscrit à peu près les prix de mes toiles au dos, dans le cas où vous m'amèneriez M. Leroux, qui est si difficile à déplacer. Si je pouvais faire une affaire avec lui, cela m'allègerait bien, car la gêne, voire même la misère, sévit à la maison, et menace notre ménage à chaque moment. Ce n'est plus tenable, tous les efforts que je fais finissent par manquer. Je comptais sur une vente à peu près bonne de la demoiselle américaine, mais peu de choses, une petite toile de 50 fr. C'est tombé dans le gouffre comme une goutte d'eau dans un incendie ! Quand donc sortirai-je de ce pétrin et pourrai-je me livrer tranquillement à mon entrain. Mes études se font sans gaîté, par suite de cette idée qu'il me faudra abandonner l'art et chercher à faire autre chose, s'il m'est possible de faire un nouvel apprentissage. Triste ! »

Quelques semaines auparavant, Sisley, terriblement affecté lui aussi, avait fait à ses amis la proposition d'improviser une exposition collective, afin d'attirer l'attention des visiteurs de l'Exposition universelle. Certainement, Durand-Ruel mettrait volontiers ses galeries à leur disposition. Mais Renoir et Monet hésitaient. Pissarro se montrait sceptique. Il écrivait à Murer, en août, cette lettre de violente aigreur :

« Un silence de mort plane sur l'art au milieu de ce bourdonnement, de ce brouhaha général qui sort de la fournaise du Champ-de-Mars !

« Inutile de compter sur notre exposition, ce serait un four chez Durand-Ruel, où il y a la réunion de nos maîtres les plus illustres. Pas un chat, l'indifférence la plus complète. On en a assez de cet art morose, de cette peinture exigeante,

---

(¹) Trois Pissarro figurèrent à la vente Leroux, en 1888. *Maisons de villageois, effet de neige*, fit 600 fr. ; *Une petite fille de ferme*, 300 fr. ; *Les ramasseurs d'herbe*, 500 francs.

stupide, qui demande de l'attention, de la réflexion. C'est trop sérieux, tout cela. Avec le progrès, on doit voir et sentir sans effort, et surtout s'amuser, et du reste, qu'a-t-on besoin d'art ? Cela se mange-t-il ? Non. Eh bien ! »

L'exposition ne se fit pas, remise à l'année suivante. La situation de Pissarro s'aggravait encore, devenait intenable à Pontoise. Murer s'entremit pour lui découvrir quelques acquéreurs, d'ailleurs modestes. Une importante lettre vient se placer ici, dans laquelle s'épanche la vive amitié de Pissarro pour Guillaumin, et qui est en même temps une émouvante profession de foi artistique. Lorsqu'il l'avait rencontré à l'Académie Suisse, en 1864, Guillaumin grattait du papier à la Compagnie d'Orléans, rue de Londres. Il abandonna cette fonction en 1866, décidé à ne plus faire que de la peinture, mais, après deux années de misère, il céda aux instances de sa famille, et au commencement de 1869, obtint son admission dans le service vicinal de la Ville de Paris. Pissarro ne concevait pas qu'un artiste consentît à partager ainsi sa vie entre son art et une fonction salariée, et il ne se faisait point faute de le dire. Cependant les années avaient passé, et Guillaumin, de nouveau, aspirait à se libérer d'une sujétion qui lui était pénible, mais que sa famille lui représentait comme une impérieuse condition d'existence. Lisons :

« J'ai deux courses des plus importantes. Je dois aller chez de Bellio lui demander un médicament pour ma femme qui est souffrante, et j'ai promis à miss Cassatt d'aller chez elle, savoir si un de mes tableaux a pu être vendu à un de ses visiteurs du dimanche. Vous devez penser dans quelle anxiété je me trouve, laissant une femme dans une grossesse fort avancée, seule à la campagne, sans ressources, avec deux enfants à soigner.

« Que Guillaumin réfléchisse un peu à cette position, qu'il pense que seul on se tire de toute difficulté, on travaille pour soi ; les grands-parents ont trop d'empire sur lui...

Il vaut cent fois mieux envoyer la Ville à tous les diables. Il faut évidemment un peu de caractère, mais on ne doit pas louvoyer. Étant à Saint-Thomas, en 52, commis bien payé, je n'ai pu y tenir : Sans plus de réflexion je quittai tout et filai à Caracas, afin de rompre le câble qui m'attachait à la vie bourgeoise. Ce que j'ai souffert est inouï, ce que je souffre actuellement est terrible, encore bien plus qu'étant jeune, plein d'enthousiasme et d'ardeur, convaincu que je suis d'être perdu comme avenir. Cependant il me semble que je n'hésiterais pas, s'il fallait recommencer, à suivre la même voie. S'en suit-il que l'on doive conseiller un ami dans ce sens ? Cela dépend tant du caractère, des convictions de chacun ! » (¹)

Il ne lui était plus possible de vivre d'une vie aussi incertaine, qui l'obligeait à se partager entre Paris et Pontoise. Aussi résolut-il de s'installer avec sa famille à Paris en attendant de meilleurs jours. Il mandait à Théodore Duret, au commencement de novembre 1878 :

« ... Je déménage mardi, rue des Trois-Frères, n° 18, Paris. Je ferai tout ce qui est dans mon pouvoir pour arriver à réaliser quelque argent, et renouerai même des relations d'affaires avec Martin si l'occasion s'en présentait. Mais vous devez penser que cela m'est dur, après avoir été si décrié par lui, car il n'hésitait pas à déclarer que j'étais perdu sans retour, à qui voulait l'entendre. Tous mes clients en sont persuadés. Je craignais même que vous ne fussiez influencé par lui... Dans tous les cas, si vous pouvez me recommander à de nouveaux clients, je serai enchanté de les satisfaire, car il ne faut plus compter sur les amis de Martin » (²).

Ses démêlés avec Martin remontaient à quelque temps déjà. De toute celle des impressionnistes, la peinture de

---

(¹) Lettre inédite.
(²) Lettre inédite.

Pissarro était la plus difficile à vendre, la véridique rusticité
des modèles du peintre et l'humilité de ses motifs rebutant
la plupart des clients. Et Martin déclarait partout que Pissarro n'avait aucune chance de sortir de l'ornière s'il persis-
tait à peindre aussi vulgairement, lourdement, « avec sa
palette boueuse », ajoutait-il, ce qui était bien le comble de
l'imposture. En revanche, Pissarro avait un excellent défen-
seur en Portier, autre courtier faisant la navette entre les
artistes et les amateurs. Austère et de complexion plutôt
froide, il s'était d'abord occupé des seuls peintres de l'école
1830, puis les impressionnistes avaient retenu sa morne attention. A Bourron, en Seine-et-Marne, à l'orée de la forêt de
Fontainebleau, il guettait la production des uns, cependant
qu'au 54 de la rue Lepic il faisait affaire avec les autres.
On le vit souvent à l'atelier de Manet.

Voici donc Pissarro installé momentanément à Paris,
à pied-d'œuvre, « battant les quatre coins de la capitale pour
placer ses tableaux ». Il écrit à Duret qu'il est « très mal
logé, mal à son aise pour travailler et surtout pour montrer
ses tableaux aux amateurs assez courageux pour affronter
les hauteurs de Montmartre ». Il ajoute :

« J'ai recours à Portier pour battre les alentours. Il n'y
met certes pas une bien grande activité, son tempérament
froid s'y opposant, mais je suis encore heureux de trouver
un homme qui veuille s'en occuper. Aussi les affaires sont
piteuses. Bientôt je serai vieux, ma vue affaiblie, je me verrai
aussi avancé qu'il y a vingt ans » (¹).

Remarquons que pour la première fois il parle du fâcheux
état de sa vue, laquelle ne cessera, dès ce moment, de lui
causer de vives inquiétudes.

Et la correspondance des camarades impressionnistes
n'est pas moins désolée. Claude Monet avoue à Duret, le

____

(¹) Lettre inédite.

15 janvier 1879, qu'il est dans une « dèche » complète, et,
le 18, il écrit de Vétheuil : « Je suis littéralement sans le sou
ici ». La situation de Sisley était extrêmement critique.
Duret a publié de lui, dans la *Revue Blanche* (15 mars 1899)
d'émouvantes lettres, qui révèlent assez son désarroi.

Peu après, le projet d'une quatrième exposition du groupe
revient en discussion, repris d'ailleurs par Pissarro, qui veut
courir toutes les chances. Mais Sisley se dérobe, et aussi Renoir, qui met tout son espoir dans le Salon. Quant à Monet,
il n'accepte pas sans répugnance, démoralisé qu'il est par
l'inutilité de ses efforts. Il est obligé, écrit-il à Duret, « de
solliciter, de mendier presque son existence, n'ayant pas un
sou pour acheter toiles et couleurs » (¹).

Le 10 avril, l'exposition, fort bien présentée dans un splen-
dide appartement, 28, avenue de l'Opéra, ouvrit sans Renoir,
sans Sisley, sans Berthe Morisot, avec de nouveaux adhérents
comme Forain, Lebourg, Henry Somm, Zandomeneghi,
Mary Cassatt, Marie Bracquemond. Mais, cette fois, le qua-
lificatif d'Impressionnistes disparaissait de l'affiche, et l'annonce était celle d'une « Exposition des Indépendants ».
Elle n'eut ni plus, ni moins de bafoueurs et d'admirateurs
que les trois précédentes, mais la foule s'y pressa — 15.400 en-
trées ! Chacun des exposants toucha 439 francs 50 pour
sa part de bénéfice. Le mois d'après, au Salon, Renoir rem-
portait enfin son premier grand succès, avec ce chef-d'œuvre
qu'est *Madame Charpentier et ses enfants*. « Renoir a un grand
succès au Salon, écrit le 27 mai Pissarro à Murer. Je crois
qu'il est lancé. Tant mieux ! C'est si dur, la misère ! »

Elle n'allait malheureusement pas atténuer ses duretés
pour lui, la misère. En avril 1880, dans une salle de la rue des
Pyramides, 10, s'ouvrait la cinquième exposition du groupe
— bien amoindri, Renoir et Sisley s'étant abstenus et Monet,

(¹) Lettre inédite.

qui venait d'être refusé au Salon, se préparant à exposer
seul à la *Vie Moderne*. Nouveaux venus, J.-F. et J.-M. Raf-
faëlli, Vignon, Vidal, Gauguin. Pissarro, poussant à l'extrême
le scrupule coloriste, avait teint ses cadres en vert, en jaune,
en violet, les harmonisant avec chacune des toiles.

Le résultat de l'exposition fut maigre, et l'an 1880 s'écoula
sans que vint à Pissarro le moindre apaisement à ses angoisses
familiales. Cela n'allait décidément pas ! Monet faisait part
à Duret de sa déconvenue, au Havre, où des tableaux envoyés
par lui avaient « très irrité les amateurs havrais. Ca n'a été
qu'un fou rire ». Cependant 1881 s'annonça mieux, et dès
février il y eut une embellie. Durand-Ruel étant miraculeuse-
ment parvenu à débloquer son énorme stock de nouvelle
peinture, s'empressait de faire signe à ses peintres, tout éber-
lués de ce soudain revirement. Pissarro pouvait enfin respirer
un peu, payer ses dettes, mettre quelques sous dans son tiroir.
D'autre part, la sixième exposition du groupe, ouverte en
avril dans les mêmes salles que celle de 1874, boulevard des
Capucines, était visitée avec plus de sympathie que les précédentes. Les amateurs exécutaient-ils donc un mouvement
de retour ? La critique elle-même signalait cette faveur
inattendue. « MM. Pissarro et Monet sont enfin sortis victo-
rieux de la terrible lutte », pouvait écrire Huysmans. Aussi,
quel bon travail au cours de cette année réconfortante ! 1882,
d'ailleurs, semblait promettre le même bon vent. « Je ne roule
pas sur l'or, comme disent les romantiques, écrit Pissarro
à Duret le 24 février. Je jouis du fruit d'une vente modérée,
mais continue. Je ne redoute que le retour au passé ». En mars,
la septième exposition du groupe s'ouvre rue Saint-Honoré.
L'impression qu'elle laisse est satisfaisante. Pissarro vend,
et les demandes de Durand-Ruel lui permettent de se reposer
de sa longue chasse à l'acheteur. Il se rend, au mois d'août,
en Bourgogne, pays de sa femme, pour y régler des affaires de
famille.

Il a pris la résolution de quitter sa maison de Pontoise, trop humide pour qu'il y puisse passer un nouvel hiver. Il y va de sa vue, une fistule lacrymale affectant son œil gauche. Il s'en vient d'abord habiter quai du Pothuit, dans Pontoise même, puis le village d'Osny, à trois kilomètres de là. Enfin, il découvre une maison à Eragny-Bazincourt, près de Gisors, où bientôt il s'installera, et où s'achèvera sa vie. Mais la nouvelle saison des affaires s'annonce mal. Une fois encore les ventes sont paralysées. Surpris de cette réaction soudaine, Durand-Ruel n'achète plus et tout est remis en cause. Il s'avise de tâter plus directement l'opinion en présentant une suite d'expositions particulières, consacrées à chacun des impressionnistes. Elles eurent lieu de mars à juin 1883, 9, boulevard de la Madeleine. Celle de Pissarro ouvrit du 1.er au 25 mai, succédant à celles de Monet et de Renoir et précédant celle de Sisley. Le bilan de l'ensemble fut complètement nul. Épuisé, désemparé, Durand-Ruel ne sombrera-t-il pas, cette fois ? Une exposition du groupe, à Londres, la première qui ait eu lieu en Angleterre — chez Dowdeswill and Dowdeswill's, 33, New Bond Street, et où Pissarro comptait onze toiles, démontra que les amateurs anglais étaient plus récalcitrants encore que ceux du continent.

De nouveau Pissarro se voit obligé de promener ses tableaux dans Paris, de Murer à Caillebotte, à Duret, à Chevrier, au docteur de Bellio. Portier ne vend rien, Tanguy ne prend plus qu'à condition. Que faire ? Il recouvre pourtant son énergie morale, sur laquelle le fatalisme qu'il doit à son origine semi-créole n'était pas sans avoir quelque prise. Il s'en va travailler à Rouen, où se trouve Murer, qui l'y laisse, pris tout entier par le pittoresque de la capitale normande. Il en peint les ponts, le port, les vieilles ruelles, les proches environs. Il y rencontre Gauguin, qui vient d'arriver avec sa famille — Gauguin, sur qui son influence était alors si grande

— et aussitôt, toujours bienveillant, cordial, fraternel, il s'emploie à lui faciliter son séjour là-bas, à le piloter, à le recommander aux amis et aux amateurs.

Il ne devait pas y avoir d'exposition du groupe en 1884. A quoi bon ? C'était plus que jamais la misère. « J'ai pu toucher quelques sous, si peu, de quoi vivre trois ou quatre jours à Eragny, écrit Pissarro à Monet, le 13 mai. Je suis à la dernière limite. J'en perds la tête ! » (¹). Et Murer lui proposant de faire à Rouen une petite exposition, il lui répond, le 8 août, par cette lettre amère et douloureuse :

« Je ne crois pas à la vente de tableaux à Rouen. Soyez persuadé, mon cher ami, qu'à la vue de mes récentes études, ce serait des pommes cuites que les amateurs me lanceraient. Pensez qu'à Paris nous sommes encore des galeux, des gueux. Non ! il est impossible qu'un art qui dérange tant de vieilles convictions réunisse l'assentiment, et à Rouen, encore, patrie de Flaubert, qu'ils n'osent avouer ! !... Non ! les bourgeois sont des bourgeois, des ongles des pieds aux cheveux de la tête !... Dites à Gauguin qu'après trente ans de peinture, quelques chevrons à la clef, je bats la dèche. Que les jeunes se le rappellent. C'est le lot, pas le gros ! »

Quel cri de détresse ! Et longtemps encore il va retentir dans ses lettres, ce cri que depuis près de dix ans il n'a guère cessé de jeter. Nous avons tenu à rassembler quelques-unes de ces dépositions émouvantes, évocatrices des luttes que Pissarro et ses amis eurent à soutenir, mais nous pourrions en ajouter nombre d'autres, si la place ne nous était pas mesurée ici. A partir de 1885, les impressionnistes respirèrent bien un peu, mais si peu ! Il leur fallut attendre les lendemains de l'Exposition de 1889 pour constater un mouvement résolu, inarrêtable, vers cette peinture dont ils étaient les protagonistes. 1892 marque assez exactement

______

(¹) Reproduite par Gustave Geffroy dans son *Claude Monet.*

l'époque où ils purent se dire, sans se préparer une déception nouvelle, qu'ils avaient enfin vaincu l'hostilité du public et l'incompréhension des amateurs.

◩

Revenons à présent sur nos pas pour suivre, au long de ces dix années, la production de Pissarro. Jusqu'en 1882 il avait vécu devant les paysages et les paysans de la région pontoisienne, ses seules diversions étant celles que lui valaient ses séjours chez Piette, à Montfoucault. Il déclarait, d'ailleurs, que ce coin d'Ile-de-France dont il avait fini par connaître chaque bouquet d'arbres et chaque ondulation de terrain, lui permettait de varier à l'infini ses motifs. Puis il quitta l'Hermitage, il connut les enchantements de la vallée de l'Epte, et ce lui fut une joie nouvelle de prendre contact avec cette nature plus ample que celle du pays de Pontoise, au caractère plus fortement marqué. Il allait y puiser le sujet d'œuvres admirables, où le sentiment agreste atteint une expression qu'on ne retrouve chez aucun autre peintre. Non que le maître d'Eragny soit supérieur à celui de l'Hermitage : mais Pissarro ne pouvait qu'ajouter à lui-même dans un milieu où la qualité de la lumière, la délicatesse d'une atmosphère chargée de fines brumes dès les premiers jours de l'automne, l'incitaient à demander à son art des moyens de réalisation sans cesse plus étendus.

Il s'adonnait depuis quelques années aux notations à la gouache, et comme une fois il s'était amusé à gouacher une composition en éventail, Martin, puis Durand-Ruel, applaudirent à cette délicate fantaisie, qui ne pouvait manquer de plaire à l'amateur. En 1878, étant chez Piette, il fit de l'abreuvoir de Montfoucault le sujet d'un éventail, et dès lors, de temps à autre, il devient « éventailliste », selon le mot qu'il se plaît à répéter. En 1881, il éventaillise à la gouache une *Fête de village* ; en 1883, un épisode champêtre, la *Récolte*, puis les *Vendanges*, plus tard des *Fleurs*, un *Automne*, un *Arc-en-ciel*, un *Berger*, un *Effet du matin*, un *Effet de neige*. Il multiplie ces œuvres qui ne retiennent pas seulement par la fraîcheur des tons, l'art des nuances, mais encore par la séduisante fantaisie qu'il dépense à répartir sur ce format spécial les sites et les figures, à créer de l'élégance avec des scènes où se produisent non pas les personnages de Watteau ou de Lancret, mais les rudes terriens en plein labeur, les gardeurs de troupeaux, gens et bêtes se fondant en une rustique harmonie. Les éventails de Pissarro sont un miracle de grâce, d'une grâce qui ne consentit jamais à s'amenuiser.

C'est surtout depuis 1878 que la gouache lui devient un substitut régulier de l'huile, et bientôt il accumule dans ses cartons les feuilles où prestement il fixe par ce procédé telle scène qui vient frapper sa vue, et par exemple la papillotante bigarrure des marchés, qui lui ont fourni matière à des morceaux incomparables. Il note le geste du bûcheron, la sieste de la paysanne, la femme qui coud, celle qui se coiffe, qui lave, qui ramasse de l'herbe, celle qui garde la vache ou la chèvre, les moutons, les oies. Et quelle nouveauté que ce gouachage, aux vives touches mouchetant le papier, piquant des valeurs qui, expriment si bien la fugacité des choses, créent le mouvement, donnent l'accent de la vie ! Les gouaches de Pissarro sont une des manifestations les plus caractéristiques de l'Impressionnisme, car leur technique ne se relie en rien à celle des autres écoles. Elles en sont l'une des plus originales aussi.

Mais l'aquarelle pure et le pastel ne servaient pas moins son besoin de notation primesautière et directe. Pastels de paysages, comme celui de la *Chaumière à Auvers*, qui est de 1879, pastels de figures comme la *Femme à la gerbe* (1885). Et c'est encore le pastel qui lui servit de truchement pour l'interprétation de certains aspects de Paris, le *Boulevard de*

Clichy, par exemple. Il aimait aussi la matité de la détrempe,
et des œuvres capitales en témoignent, telles que le *Marché
à la volaille, à Gisors* (1885), et la *Gardeuse de moutons* (1890).
Et que de crayonnages ! Quelle débauche de saisissants
dessins, en noir, en noir et blanc, ou bien encore avec de
nerveux rehauts de crayons de couleur ! Tous les moyens
d'expression l'intéressaient, et il n'en est aucun qui ne l'ait
plus ou moins retenu.

Cette curiosité, cette inquiétude perpétuelles, devaient
avoir, environ 1886, un soudain résultat qui faillit décider
de toute la fin de sa carrière. La méthode optique de la division des tons, s'opposant à celle de leur mélange ou de leur
rabattement sur la palette ou sur la toile, qui excluent ou
annihilent les colorations pures, était discutée depuis quelque
temps dans certains ateliers, où les expériences d'O.-N. Rood,
les nouvelles données scientifiques de Chevreul dans la
Loi du contraste des couleurs, faisaient l'objet d'intéressantes
controverses. Georges Seurat, le premier, avait poussé très
avant l'étude des thèses coloristes, et déjà ses dessins en blanc
et noir vérifiaient l'excellence des directives optiques de
Chevreul. Dès 1882 il s'appliquait à peindre en observant
la division des tons, et en mai 1884, à la première exposition
des Artistes Indépendants, aux Tuileries, il envoyait cette
harmonieuse grande toile, la *Baignade*, toute rayonnante de
lumière, que le Salon officiel venait de lui refuser, cependant
que Paul Signac exposait « quatre paysages peints avec les
seules couleurs du prisme » (¹). Camille Pissarro et son fils
aîné Lucien s'enthousiasmaient aussitôt de ce rationnel
divisionnisme, dont l'éclatante luminosité faisait ternes les
plus claires peintures impressionnistes. Quelque temps après,
Pissarro rencontrait, chez Guillaumin, Paul Signac, qui, au
commencement de 1885, le conduisait chez Seurat. Celui-ci

(¹) Paul Signac : *D'Eugène Delacroix au néo-impressionnisme.*

n'eut aucune peine à emporter l'adhésion de son grand aîné, et bientôt la division coloriste n'eut pas de plus fervent propagandiste que Pissarro. Ses camarades impressionnistes furent, il va sans dire, les premiers à subir les assauts de son ardent prosélytisme. Monet, obsédé, se fâchait, menaçait de rompre avec lui. Renoir se contentait de le saluer d'un « bonjour, Seurat », gaîment ironique. Et l'on sut alors qu'il se mettait décidément au « petit point », sans se soucier des conséquences d'un si tardif avatar. Il n'y avait pas eu d'exposition du groupe depuis 1882. En mai 1886, une exposition — la huitième — s'ouvrit, 1, rue Laffitte, dans les salles de la Maison Dorée. Seurat y présentait cette toile décisive, *Un dimanche à la Grande-Jatte* ; Paul Signac y divisionnait radieusement. Et Pissarro, enfin, « le père Pissarro », y figurait avec des toiles peintes selon le divisionnisme le plus rigoureux. Plus de tons apprêtés. Les paysages d'Eragny-Bazincourt vibraient d'une lumière sur laquelle aucune touche impure ne venait faire office d'écran. « MM. Pissarro, Seurat et Signac innovent », écrivait Félix Fénéon au bas de la page liminaire de son pamphlet critique, *Les Impressionnistes en* 1886, quintessence de tout l'historique de l'école. Il disait ensuite de Pissarro : « Transformant sa manière, il apporte au néo-impressionnisme sa mathématique rigueur d'analyse et l'autorité de son nom : désormais il décompose ses tons, systématiquement. Des paysages de soleil, des maisons blanches dans des vergers en fleurs, des plans qui fuient... » Cette évolution si soudaine, en plein apogée d'une œuvre, émut de respect quelques admirateurs, mais elle en affligea d'autres et déconcerta le plus grand nombre. Pissarro demeura sourd aux représentations qui lui étaient faites, et regagna son cher Eragny pour y divisionner passionnément.

Deux années de suite il ne fit voir que de la peinture divisionniste — nous ne disons pas pointilliste, la division des tons s'accommodant aussi de la touche en virgule. En 1887, une exposition internationale de peinture ayant été organisée à la galerie Georges Petit, il n'y exposa que des toiles ainsi peintes. Cependant ses acheteurs se récriaient, ses marchands refusaient de se rallier à cette production jugée par eux intempestive, et Durand-Ruel lui-même, bien que Pissarro prétendit le contraire, lui conseillait d'abandonner une manière assurément sans avenir. Il tint bon, malgré tout, plus d'une année encore, puis commença par atténuer la rigidité de son divisionnisme, rabattit des tons, risqua quelques anciens jeux de valeurs. Enfin, le Pissarro d'antan reparut, qui ne fut pas sans déclarer que cette loyale expérience l'avait renseigné sur l'insuffisance de la méthode. Sa période divisionniste, riche d'œuvres précieuses entre toutes, et particulièrement recherchées par certains amateurs, s'inscrit exclusivement entre les années 86 et 88.

1890 vit — catalogue préfacé par Gustave Geffroy — une exposition de Pissarro, en février-mars, galerie Boussod et Valadon, que dirigeait le frère de Van Gogh. Février 1892 en vit une autre, très importante, chez Durand-Ruel, présentée par Georges Lecomte en une parfaite préface. La grande notoriété, enfin, venait au peintre d'Eragny, lentement, beaucoup plus lentement qu'à Renoir et à Monet. L'une après l'autre tombaient les préventions mal définies que manifestaient les amateurs contre sa peinture. A la vente May, en 1890, deux paysages de Pissarro atteignaient les hauts prix de 2.100 francs *(Entrée de village)*, et 1.400 *(Route de Roquencourt)*. Cette fois, c'était autre chose qu'une cote accidentelle. On l'achetait, on lui faisait place dans les collections. Il est vrai qu'il avait dépassé la soixantaine, que ses cheveux et sa barbe faisaient à son visage une broussaille blanche, que sa vue faiblissait rapidement, son œil malade lui causant de vives souffrances. Allait-il donc enfin connaître la douceur de vivre ? Oui, peut-être, mais il ne s'en félicitait que pour travailler avec plus d'activité que jamais.

Les dix dernières années de sa vie furent, en effet, fiévreusement laborieuses. Il était toujours en voyage, tantôt en Belgique, en Angleterre, tantôt en Bourgogne, à Rouen, à Dieppe, au Havre. En 1897, il commençait de peindre une série d'aspects de Paris, qu'il voulait copieuse et variée. Ce fut d'abord la rue d'Amsterdam sous la neige, puis le tumultueux boulevard Montmartre, notamment au jour frénétique du Mardi-Gras. D'une chambre de l'hôtel de Russie, au coin de la rue Drouot, il embrassait l'étendue des boulevards, et bien des fois, passant là et levant les yeux vers sa fenêtre, il nous fut donné de l'y voir, palette et pinceaux en main. De l'hôtel du Louvre, en 1898 (il fit chez Durand-Ruel, en juin de cette année, une belle exposition de ses œuvres récentes), il peignit, au cours de l'hiver la place du Théâtre-Français et la perspective de l'avenue de l'Opéra. En 1899 et en 1900 — installé dans un appartement de la rue de Rivoli — les Tuileries, le Carrousel, aux différentes époques de l'année, aux diverses heures du jour. Morceaux admirables, et qui pourtant ne lui donnaient qu'à demi satisfaction. « Les amis qui vous ont appris que j'avais fait de belles toiles des Tuileries sont bien indulgents, écrit-il à Monet le 7 janvier 1900. Je n'en suis pas bien satisfait. J'ai peu travaillé. Je lutte contre la vieillesse » (¹). En 1901, de l'historique maison Louis XIII, au coin du Pont-Neuf et du quai, où vécut Mme Rolland, il multipliait les notations de cette pointe de la Cité, du Pont-Neuf, du terre-plein où s'élève la statue d'Henri IV, de l'extrémité rostrale du Vert-Galant. En 1903, il revenait aux Tuileries, interprétait l'animation du Pont-Royal, et puis, ayant pris un appartement dans une maison faisant le coin du boulevard Morland et

---

(¹) Gustave Geffroy : *Claude Monet*, page 167.

du boulevard Henri IV, il consacrait à la physionomie de
ce quartier quelques études éclatantes, — les dernières...

A côté de son œuvre peinte, Camille Pissarro exécutait
une œuvre gravée dont on fut longtemps sans soupçonner
l'importance, et qui, de 1863 à 1903, jalonne sa vie avec
une assez régulière continuité. Pissarro a gravé ou litho-
graphié, au total, 194 pièces, qui, répertoriées, par Loys
Delteil, constituent le dix-septième tome du « Peintre graveur
illustré ». Il est de tous les impressionnistes — nous ne com-
prenons pas Degas dans leur groupe — celui qui s'est adonné
le plus régulièrement aux arts de reproduction, eau-forte
en noir et en couleurs, pointe sèche, lithographie.

Il débute en 1863 par une eau-forte, *Au bord de l'eau*,
où l'influence de Corot est évidente. En 1864 il grave une
Prairie près d'Asnières, dont on ne connaît qu'une épreuve ;
en 1865, une *Rue à Montmartre*, également en épreuve unique ;
en 1866, un aspect de *La Roche-Guyon* ; en 1867, une *Négresse*.
Évidemment, ce n'était encore là, pour lui, que distraction
de loisir. De 1867 à 1873, du reste, il cesse de se distraire
ainsi. Il grave alors les *Coteaux* et un *Paysage à Pontoise*.
En 1874, il fait mordre à l'eau-forte un beau *Portrait de Cézanne*,
un Cézanne en casquette et en houppelande qui fut tiré
à 18 ou 20 exemplaires, puis deux paysages de Pontoise
et une scène paysanne. Son œuvre s'accroît d'une planche
en 1875, *Dans les champs à Emery*, mais il ne grave rien
en 1876 ni en 1877. Planche nouvelle en 1878, *Marchande
de marrons*. En décembre de cette année, Théodore Duret
lui conseillant, dans une lettre, d'essayer de vendre de ses
eaux-fortes à Londres, où les amateurs de gravures étaient
nombreux, il lui répond : « Je n'oserai jamais croire que des
essais d'eaux-fortes aussi informes que les miennes puissent
se vendre à Londres. Je n'ai pas eu le temps et les moyens de
poursuivre les essais, il m'aurait fallu deux ou trois ans de
travail acharné. Le besoin de vendre me pousse à l'aquarelle,

l'eau-forte est délaissée pour le moment ». Et un peu plus tard : « Je me décide à m'abstenir de tout envoi d'eaux-fortes à Londres... C'est évidemment une bonne idée de grouper les peintres aquafortistes en société, mais c'est encore une médiocre affaire pour nous, ou du moins, ce sera une vaine espérance d'être reçu avec des travaux aussi imparfaits que les miens » (¹). Il ne tirait donc pas vanité de ses premières eaux-fortes, mais néanmoins il poursuivit son apprentissage d'un métier qu'il tenait à mieux connaître, et bientôt il se sentit assez sûr de lui pour affronter les amateurs de Londres, auprès desquels Legros le patronna. Degas, qui l'encourageait vivement à persévérer, allait fonder, en 1880, une publication d'aquafortistes originaux, le *Jour et la nuit*. Pissarro grava pour le premier fascicule — il n'y en eut pas d'autre, les amateurs s'étant abstenus — un *Paysage sous bois à l'Hermitage*, pointe et aqua-tinte, que les connaisseurs louèrent beaucoup. Il continua donc, de plus en plus intéressé par la lutte de l'acide et du cuivre : 10 planches en 1879, 6 en 1880, 7 en 1882, 5 en 1883, 9 en 1884, 10 en 1885. Jusqu'en 1902, avec de courtes haltes, il fit œuvre avouée d'aquafortiste, la dernière eau-forte qu'il ait exécutée, un *Marché aux œufs*, ayant été mordue après sa mort. Au total, 127 eaux-fortes.

Parallèlement, il se livrait aux pratiques de la lithographie, ayant débuté en 1874 par une dizaine de pièces, entre lesquelles un *Portrait de Lucien*, son fils aîné. Mais le goût ne l'en reprit que vingt ans plus tard, et de 1894 à 1901, près de soixante lithos furent exécutées par lui. Il les dessinait au crayon, à la plume, au lavis, sur papier à report ou sur zinc. Une quarantaine de pièces constituent son œuvre lithographiée.

Jamais l'État ne lui acheta la moindre chose, et il était en droit de ne pas lui en savoir bon gré. Cependant il tint

---

(¹) Ces deux lettres sont inédites.

à faire don au musée du Luxembourg, d'une collection à peu près complète, en belles épreuves, de ses pointes sèches et de ses eaux-fortes. Elles y dorment dans quelque tiroir. Or, le Luxembourg, déjà, possédait de lui sept peintures, provenant du legs fait par le peintre Caillebotte en 1894 — lequel en contenait dix-huit. Sept Pissarro sur dix-huit, trouvèrent grâce devant le Comité consultatif des musées, qui rejeta les onze autres. Encore cette acceptation entraîna-t-elle la démission du peintre Gérôme et de quelques-uns de ses collègues de l'Académie des Beaux-Arts, qui se répandirent en récriminations dans le *Journal des Artistes*, où l'un de ces grands maîtres académiques opina sans aménité sur le « nommé Pissarro ».

C'était un homme délicieux, tout rayonnant de bonté, si profondément humain qu'une injustice envers autrui l'irritait comme une offense personnelle. On ne pouvait l'approcher sans être conquis par la patriarcale majesté de son visage, où rien de dur ni de hautain ne s'inscrivit jamais. Ses yeux, dont il souffrit tant, ses pauvres yeux étaient magnifiques, et ils souriaient comme souriaient ses lèvres, mettant tout de suite à l'aise quiconque venait à lui. Il y eut bien quelquefois de la tristesse dans ces yeux d'artiste, adorateurs de la beauté des choses, mais c'est qu'alors il était seul avec lui-même, que dévorèrent souvent tant d'inquiétudes. Ses propres peines, il les voulait oublier pour ne penser qu'à celles des autres, à qui son bon sourire d'indulgent philosophe s'efforçait d'apporter un apaisement. Lorsque nous entrâmes en relations avec lui, en avril 1890, alors que se constituait le Club de l'Art social, auquel il adhéra sans promettre d'en être un élément actif, il commençait à se nimber de cette sérénité qui fut un charme surnuméraire au crédit de sa vieillesse. Tout vêtu de velours noir, il avait vraiment grande allure, une allure étonnamment jeune en dépit de la masse neigeuse des cheveux et de la barbe. Il était pétillant d'esprit, et la vivacité de ses réparties animait les mensuels dîners impressionnistes du café Riche, « dont il était le doyen sans qu'aucune présidence lui fût pour cela conférée », dit Gustave Geffroy, marquant par là combien l'amitié qu'on lui vouait se muait aisément en respect. « Digne d'être peint par Rembrandt dans la pelisse fauve où le maître d'Amsterdam drape ses rabbins, ses érudits et ses bourgmestres, ajoute-t-il, il apparaissait infiniment vénérable avec son beau visage régulier, ses larges yeux d'Orient emplis de lumière, sa barbe où l'âge commençait à neiger ses flocons blancs, ses mains fines de praticien de la peinture » (¹).

Il vivait en parfait père de famille, entre sa chère femme et ses enfants — il en eut six, cinq garçons et une fille ; le troisième fils mourut ; rappelons que Lucien, Georges (Manzana), Rodolphe (Rodo), Paul-Émile (qui réunit en un seul ses deux prénoms), sont de très remarquables artistes.

Il aimait la liberté par-dessus toute chose, il ne l'eût sacrifiée à rien, fût-ce à son art. Lié avec le libertaire Jean Grave qui publiait alors la *Révolte*, il aida souvent de sa bourse le vaillant petit organe, et par deux fois, l'imprimeur se refusant à faire crédit, il « gratta sur ses économies » pour payer les dettes du journal. Chaque fois que Jean Grave organisait une tombola, il lui envoyait un dessin ou une aquarelle, ou bien mettait en vente une aquarelle au profit de la tombola. Il fit pour lui deux lithographies, *Les porteuses de bois* et *Les sans-gîtes*. Enfin, il dessina le *Laboureur* qui orne la couverture d'une brochure de Kropotkine, *Les Temps nouveaux*.

Il semblait, sa vue seule déclinant, devoir vivre jusqu'à un

(¹) *Claude Monet*, p. 157.

âge fort avancé. Un abcès à la prostate eut raison de sa belle vigueur. Il s'éteignit le 13 novembre 1903, dans son appartement du boulevard Morland, et l'on porta son corps au Père-Lachaise. Convoi bien modeste, sans rien de la pompe dont se pare la mort des pseudo-maîtres officiellement consacrés. C'était pourtant un authentique grand maître qui s'en allait, l'un de ceux qui peuvent se flatte d'avoir marqué d'une empreinte personnelle l'art de leur époque. L'originalité de Camille Pissarro s'est affirmée à mesure que l'apport des peintres, dans le dernier quart du XIXe siècle, précisait ses caractéristiques. Courbet, Manet, les impressionnistes, Van Gogh, Gauguin, Toulouse-Lautrec, personnalisaient un temps qui, eût-on dit, avait coupé les ponts derrière lui. Et chacun des impressionnistes dégageait de l'ensemble un visage bien à soi, cerné de traits qu'on ne retrouvait en aucun autre. Pissarro s'identifiait à un naturisme à la fois puissant et délicat, le plus terrien qu'eût inspiré notre sol. Rien d'anecdotique en ses scènes agrestes, rien que la vie paysanne captée par un subtil œil d'artiste. Et son paysagisme, son art des sites, son lyrisme des foules, se manifestaient en des ouvrages dont l'écriture pigmentaire était d'une savoureuse nouveauté. Le domaine des procédés techniques, nul plus que lui ne l'avait exploré, qui n'abordait pas un peintre expérimenté sans l'interroger aussitôt sur les secrets de son expérience. Il fut, somme toute, un grand classique, dans la plus noble acception du terme, c'est-à-dire un maître-ouvrier de la forme, parti de la tradition pour s'en aller vers des conquêtes nouvelles, et plus encore qu'à Corot, c'est à Poussin que l'on pense quand on étudie son immense œuvre pour en définir le caractère et en situer le sentiment.

NOTE BIBLIOGRAPHIQUE

DURANTY. *La nouvelle peinture* (Dentu, 1876).

J.-K. HUYSMANS. *L'art moderne* (Charpentier, 1883).

FÉLIX FÉNÉON. *L'Impressionnisme en* 1886 (Léon Vanier, 1886).

CASTAGNARY. *Salons* (2 vol. Charpentier, 1892).

THÉODORE DURET. *Les peintres impressionnistes* (Heymann et Pérois, 1878). — *Critique d'avant-garde* (Charpentier, 1885). — *Histoire des peintres impressionnistes* (Floury, 1906).

GEORGES LECOMTE. *Camille Pissarro* (dans les « Hommes d'aujourd'hui », avec un portrait par Lucien Pissarro. Léon Vanier, 1890). — *L'Art impressionniste* (Chamerot et Renouard, 1892). — *Camille Pissarro* (Bernheim-Jeune, 1922).

GUSTAVE GEFFROY. *La Vie artistique* (3ᵉ série, Dentu, 1894). — *Préface du catalogue de la collection de Madame Vve Pissarro* (galerie Nunès et Fiquet, 1921). — *Claude Monet* (Crès et Cⁱᵉ, 1922).

ANDRÉ FONTAINAS. *Histoire de la peinture française au XIXᵉ siècle* (Société du « Mercure de France », 1906).

OCTAVE MIRBEAU. *Préface du catalogue de l'exposition de l'œuvre de Camille Pissarro* (galerie Durand-Ruel, 1904).

JULIUS MEIER GRAEFE. *Impressionnisten : Guys, Manet, Van Gogh, Pissarro, Cézanne.* (München, R. Piper, 1907).

PAUL SIGNAC. *D'Eugène Delacroix au néo-impressionnisme* (Floury 1911).

J.-C. HOLL. *Camille Pissarro* (dans « Portraits d'hier », Henri Fabre, 1911).

ANDRÉ FONTAINAS et LOUIS VAUXCELLES. *L'Art français de la Révolution à nos jours : la Peinture* (Sant'Andrea et L. Marcerou, 1922).

THIÉBAULT-SISSON. *Camille Pissarro et son œuvre* (le « Temps », 30 janvier 1921).

LOYS DELTEIL. Le Peintre-Graveur illustré. Tome 17 : *Pissarro, Sisley, Renoir* (Chez l'auteur, 2, rue des Beaux-Arts, 1923).

TABLE DES PLANCHES (¹)

(¹) Les photographies des œuvres reproduites dans ce volume proviennent, pour les planches 4, 5, 6, 7, 8, 9, 10, 11, 13, 15, 16, 17, 18, 19, 25, 26, 27, 29, 30, 31, 33, 34, 35, 36, 37, 38, 39, 40, des ateliers de MM. Durand-Ruel, pour les planches 14 et 28 des ateliers de M. Bernheim jeune.

PORTRAIT DE L'ARTISTE.

Portrait of the artist.   Rittratto dell' artista.
Selbstbildnis des Künstlers.   Retrato del artista.

SOUS BOIS

In the wood.

Im Walde.

Sotto bosco

Bajo los arboles.

LA CÔTE DE L'ERMITAGE

The hillside.
Die Küste der Ermitage.

Il pendio dell'Ermitage
La cuesta de l'Ermitage.

LA PROMENADE À ÂNE

The donkey ride.
Der Spaziergang auf dem Esel.

La passeggiata sull' asino.
El paseo en burro.

LE PATIS. PRÈS PONTOISE

The Pasture Land, near Pontoise.   Il Pâtis, presso Pontoise.
Paris bei Pontoise.   El prado, cerca de Pontoise.

LA MEULE

The rick.   La catasta.
Der Getreideschober.   El montón de cereales.

6

L'ÉCLUSE

La caterátta.
Die Schleuse. La esclusa.

PAYSAGE A LOUVECIENNES

Landscape, Louveciennes.   Paesaggio a Louveciennes.
Landschaft bei Louveciennes.   Paisaje de Louveciennes

ROUTE DE SYDENHAM

Sydenham Road.
Landstrasse von Sydenham

Strada di Sydenham
Carretera de Sydenham.

CRYSTAL PALACE.

Crystal Palace.
Crystal Palace.

Crystal Palace.
Crystal Palace.

ROUTE DE SYDENHAM

Sydenham Road.
Landstrasse von Sydenham.

Strada di Sydenham.
Carretera de Sydenham.

PORTRAIT DE FEMME

Portrait of a woman.   *Ritratto di donna*
Frauenbildnis   *Retrato de mujer*

BORDS DE L'OISE ENVIRONS DE PONTOISE

Banks of the Oise near Pontoise   Rive dell'Oise attorno a Pontoise

Oise I fer be Pontoise.   orillas de l'Oise, a bredefones te Pontoise

PAYSAGE D'HIVER, ENVIRONS DE LOUVECIENNES

Winter Scene, near Louveciennes   Paesaggio d'inverno dintorni di Louveciennes

Winterlandschaft bei Louveciennes   Paisaje de invierno alrededores de Louveciennes

LA ROUTE

The road.   La strada
Die Landstrasse.   La carretera.

LE JARDIN DE LA VILLE, A PONTOISE

The Town-Garden Pontoise   Il giardino della città a Pontoise.
Stadtpark in Pontoise   El jardín de la ciudad en Pontoise.

LA MARE AUX CANARDS. MONTFOUCAULT

The Duck-pond, Montfoucault.   La palude colle anitre, Montfoucault.
Die Entenpfütze in Montfoucault.   17   La charca de los patis, Montfoucault.

Effet de neige à l'Hermitage, Pontoise.

Snow effect at l'Hermitage, Pontoise.

Schnee-Effekt in der Einsidelei bei Pontoise.

Effetto di neve all' Ermitage, Pontoise

Efecto de nieve en l'Ermitage, Pontoise.

ABREUVOIR DE MONTFOUCAULT

The Horse-pond, Montfoucault.   Abbeveratoio di Montfoucault.
Die Tränke von Montfoucault   El abrevadero de Montfoucault.

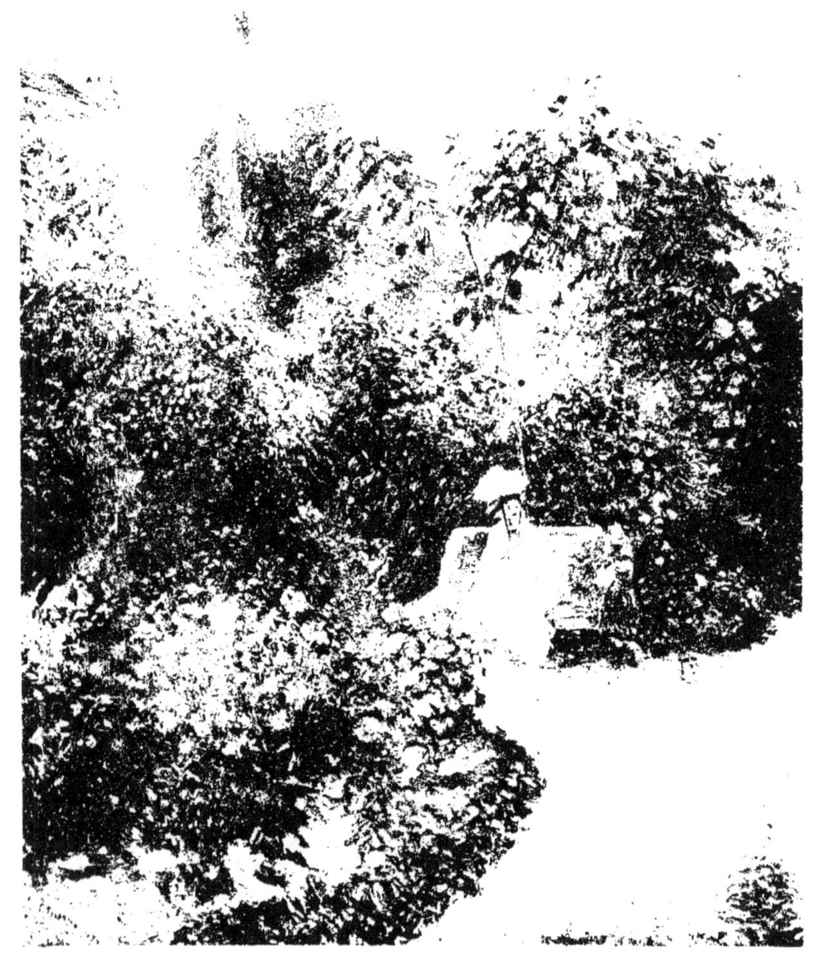

LE JARDIN DE PONTOISE

The garden Pontoise   Il giardino di Pontoise.
Der Garten von Pontoise.   El jardin de Pontoise.

LA MÈRE L'ARCHEVÊQUE

Mother Larchevêque.   La vecchia Larchevêque.
Das Mütterchen Larchevêque   La vieja Larchevêque

LA PETITE BONNE DE CAMPAGNE

The little Country Servant Girl
Das Landmädchen

La piccola serva di paese
La criadita di pueblo

TÊTE DE PAYSAN
(Pastel)

Peasant's Head.   Testa di paeseno
Bauernkopf.   Cabeza de campesino.

LA TRICOTEUSE.

The Knitters.   La magliatrice.
Die Strickerin.   La calcetera.

ROUTE A OSNY

Road at Osny.   Strada a Osny.

Die Landstrasse nach Osny.   Carretera de Osny.

L'ÉGLISE D'ÉRAGNY
(Maison de la sourde)

The Church, Éragny deaf woman's house   La chiesa d'Éragny casa della sorda.
Die Kirche in Éragny.   La iglesia de Éragny la casa de la sorda

LE MARCHÉ
(Gouache)

<table>
<tr><td>The Market (water-colour)</td><td>Il mercato (pittura a guazzo)</td></tr>
<tr><td>Der Markt</td><td>El mercado (guade)</td></tr>
</table>

LE THÉÂTRE DES ARTS A ROUEN

Théâtre des Arts, Rouen.   Il Teatro degli Arti, Rouen.
Theater der Kunst in Rouen.   El Teatro de las Artes en Rouen.

EFFET DE NEIGE

Snow effect.
Schneelandschaft.

Effeto di neve.
Efecto di neve

29

LES FANEUSES
(Gouache)

The Haymakers (water-colour).   Le giornalere (pittura a gua;;a
Frauen bei der Heuernte.   Las secadoras de heno aguada

LE TRIAGE DES CHOUX

Sorting the Cabbages.   La scelta degli cavoli.
Das Aussuchen der Kohlkopfe.   Selección de coles

34

BAIGNEUSE À ÉRAGNY

A woman bathing at Eragny.
Die Badende in Eragny.

Donna bagnante a Eragny.
Una bañista en Eragny.

LES TOITS DU VIEUX ROUEN

The Housetops at Old Rouen.   I tetti del vecchio Rouen
Die Dächer vom alten Rouen.   Los tejados del viejo Ruan.

JARDIN DU LOUVRE, MATIN, TEMPS GRIS

The Louvre Garden, a grey morning.   Giardino del Louvre, mattino tempo grigio.

Louvre-Garten am Morgen bei trübem Wetter.   Jardín del Louvre, mañana, tiempo gris.

34

LA PLACE DU THÉATRE FRANÇAIS

Place du Théâtre Français.

Der Platz des Théâtre Français.

La piazza del Théâtre Français

La plaza del Teatro Français

SAINT-SEVER, ROUEN, APRÈS MIDI

Saint-Sever, Rouen, afternoon

Saint-Sever, Rouen, nel pomeriggio

Saint-Sever, Rouen, am Nachmittag

«Saint-Sever», Rouen, la tarde

AVENUE DE L'OPERA, SOLEIL, MATINÉE D'HIVER

Avenue de l'Opera, sunshine, winter morning.   Corso dell' Opera, sole, mattino d'inverno.
Avenue de l'Opera, Sonne am Wintermorgen.   Avenida de la Opera, sol, mañana de invierno.

LA FOIRE À DIEPPE, SOLEIL, APRÈS MIDI

The Fair, Dieppe, Sunny Afternoon.   La fiera a Dieppe, sole, pomeriggio
Der Jahrmarkt in Dieppe, Sonne, Nachmittag

L'EGLISE SAINT-JACQUES, DIEPPE, TEMPS PLUVIEUX, MATIN

The Church of Saint-Jacques,
  Dieppe, a rainy morning.
Die Kirche Saint-Jacques, Dieppe,
  Regenwetter am Morgen.

La chiesa Saint-Jacques, Dieppe,
  tempo piovoso.
La iglesia Saint-Jacques, Dieppe,
  tiempo pluvioso, mañana.

VIEILLE FEMME ASSISE. INTÉRIEUR A MORET

Old Woman Seated, Interior at Moret — Vecchia donna sedata, Interno a Moret.
Sitzende alte Frau, Hausinneres in Moret. — Vieja sentada, Interior en Moret.